간송
미술관에는
어떤 보물이
있을까?

김민규 글

대학에서 문화재 보존학을 전공하고, 「조선시대 능묘비 연구」로 미술사학과 대학원에서 박사 학위를 받았습니다. 2000년에서 현재까지 간송미술관 최완수 연구실장님 곁에서 학예 연구생, 연구원으로 일하며 학업과 연구를 함께 했습니다. 「조선 18세기 조각가 최천약 연구」 「경회루 연못 출토 청동용과 경복궁 서수상의 상징 연구」 「은언군과 전계대원군 묘 석물 연구」와 같은 논문을 발표했습니다.

조원희 그림

대학에서 멀티미디어디자인을 전공하고, HILLS에서 일러스트레이션을 공부했습니다. 여러 분야의 어린이책에 그림을 그리며 마음속 깊이 남겨진 이야기를 가끔씩 꺼내 놓습니다. 《얼음소년》《혼자 가야 해》《근육 아저씨와 뚱보 아줌마》《중요한 문제》《콰앙!》《앗! 줄이다!》를 쓰고 그렸으며, 그림책 《이빨 사냥꾼》으로 2017년 볼로냐 라가치상을 받았습니다.

간송미술관에는 어떤 보물이 있을까?

초판 1쇄 2019년 7월 30일 | 초판 5쇄 2024년 8월 19일 | 글 김민규 | 그림 조원희
편집 류미진, 정혜원 | 디자인 곰곰디자인·조희정 | 마케팅 강백산, 강지연
펴낸이 이재일 | 펴낸곳 토토북 | 주소 04034 서울시 마포구 잔다리로7길 19, 명보빌딩 3층
전화 02-332-6255 | 팩스 02-6919-2854 | 홈페이지 www.totobook.com | 전자우편 totobooks@hanmail.net
출판등록 2002년 5월 30일 제2002-000172호 | ISBN 978-89-6496-394-4 73910

ⓒ 김민규, 조원희 2019

이 책은 저작권법에 의해 보호를 받는 저작물이므로 무단 전재 및 무단 복제를 금합니다.
잘못된 책은 구입하신 곳에서 바꾸어 드립니다.

제품명 간송미술관에는 어떤 보물이 있을까? | 제조자명 토토북 | 제조국명 대한민국 | 전화 02-332-6255
주소 서울시 마포구 잔다리로7길 19, 명보빌딩 3층 | 인증 유형 공급자 적합성 확인 | 사용 연령 8세 이상
제조일 2024년 8월 19일 ◆KC마크는 이 제품이 공통안전기준에 적합하였음을 의미합니다.

 주의 아이들이 책을 입에 대거나 모서리에 다치지 않게 주의하세요.

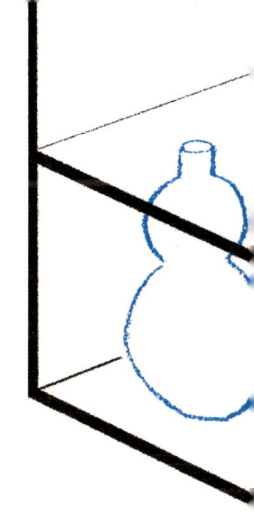

전형필 선생님이 지킨
위대한 우리 유산

간송 미술관에는 어떤 보물이 있을까?

김민규 글 / 조원희 그림

들어가는 글

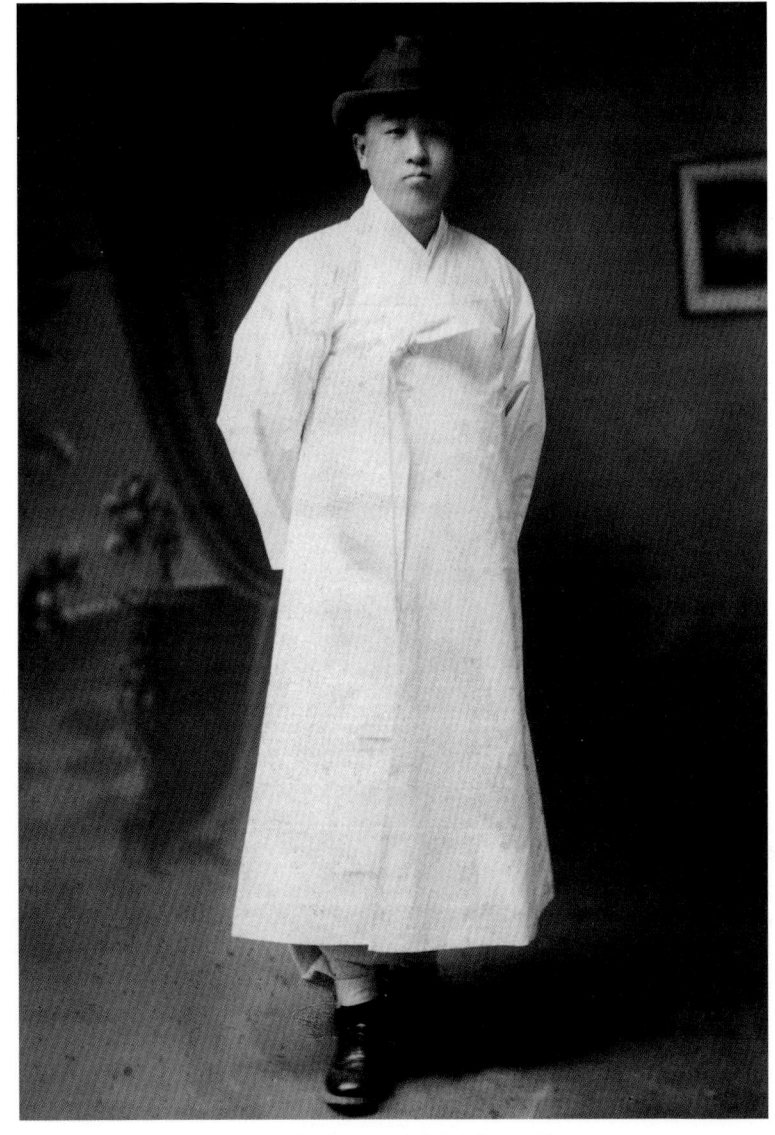

간송 전형필의 일본 유학 시절 사진(1928년)

간송 전형필

빛나는 보물을 간직한 집 간송미술관입니다

박물관은 우리의 시간을 품고 있어요. 박물관에 전시된 수천 년 전 유물들은 우리 조상이 어떻게 살아왔는지 그려 보게 하지요. 박물관에 가면 마치 오래된 일기장을 펼친 것처럼 그 시대로 거슬러 올라간 듯해요. 그리고 그 시간의 흐름에서 문화를 이어 가고 있는 우리의 모습을 발견하게 됩니다.

   우리나라를 대표하는 박물관으로는 국립중앙박물관을 꼽을 수 있어요. 나라에서 정한 최고의 보물들이 훼손되지 않도록 보존하고 전시하지요. 그밖에 지역마다 여러 박물관이 시간의 문을 열어 두고 있습니다.

   그런데 지금까지 관람객이 쉽게 접하지 못했던 박물관이 있어요. 일 년에 두 번밖에 문을 열지 않아 마음 놓고 찾아가 볼 수 없었던 곳. 지금도 처음 만들어진 그 모습을 그대로 간직하고 있는 간송미술관입니다.

　간송미술관은 왜 관람객들의 발길을 제한해 왔을까요? 그리고 그 안에는 어떤 보물들이 담겨 있을까요?

　시간은 일제 강점기 시절로 거슬러 올라갑니다. 당시 일본인들은 우리나라를 마음대로 짓밟고 많은 것을 빼앗아 갔어요. 비단 식량이나 자원뿐만이 아니라 우리 민족의 혼이 담겨 있는 문화재도 수없이 앗아 갔지요. 문화재를 팔면 돈이 된다는 소문에 골동품상이 등장했고, 나라에서 보존해야 할 유물들은 해외에 속수무책으로 팔려나갔습니다.

　간송 전형필(1906~1962)은 이러한 시대에 서울 종로에서 으뜸가는 갑부 집 아들로 태어났어요. 남부럽지 않은 어린 시절을 보냈지만 스물넷의 나이에 아버지와 집안 어른들을 잃고 혼자 집안을 이끌어야 할 처지에 놓입니다.

　갑자기 토지 10만 석의 거대한 재산을 물려받은 전형필은 슬픔 속에서 어떻게 살 것인지 깊이 고민하게 되었어요. 그때 평생 스승이 될 위창 오세창(1864~1953) 선생을 만나게 되었지요. 일본 유학 시절부터 우리 문화재가 나라 밖으로 빠져나가는 것을 안타까워하던 전형필에게 학문이 깊고 예술적 감식이 뛰어난 위창 선생은 전형필이 뜻을 세우는 데

든든한 버팀목이 됩니다.

 전형필은 위창 선생에게 문화재를 지키겠다는 뜻을 전해요. 위창 선생은 자신이 미처 못다 한 일을 하겠다고 나선 전형필에게 문화재 수집가로서의 모든 지식을 전하기 시작했어요.

 이후로 전형필은 그 많던 재산을 모두 털어 우리의 문화재를 사들이는 데 최선을 다합니다. 처음에는 옛 책들을 모으다 점차 그림, 도자기로 수집의 영역을 넓혀 갔어요. 대대로 물려받은 땅을 팔아 외국인이 수집한 도자기를 한꺼번에 구입할 때는 유산을 헛되이 탕진한다고 사람들로부터 손가락질을 당하기도 했지요.

 전형필은 이렇게 하나씩 사들인 문화재를 보관해 두기 위해 근대 건축가 박길룡에게 부탁해 건물을 짓기 시작해요. 위창 선생은 이곳을 '빛나는 보물을 모아 둔 집'이란 뜻의 '보화각'이라 이름 짓지요. 이때 마련한 보화각이 지금의 간송미술관입니다. 나라가 없던 때 세워진 '최초의 사립 박물관'인 셈이지요.

 이 건물은 지어진 지 너무 오래되어 많은 관람객을 들일 수 없어요. 그동안 간송미술관이 베일에 싸여 있을 수밖에 없었던 이유입니다.

일본이 우리의 모든 것을 빼앗아 갈 수 있었던 일제 강점기가 끝나고 마침내 해방이 되자, 간송 선생은 이제 우리 문화재가 다른 나라로 빠져나갈 일은 없다고 생각했어요. 하지만 기쁨도 잠시, 곧이어 6·25전쟁이 일어났고 지금까지 애써 모아 온 문화재들은 다시 한 번 뿔뿔이 흩어졌어요. 평생을 바쳐 고르고 골라 수집한 문화재들은 전쟁을 거치며 이때 다시 추려졌지요.

이후 간송 선생은 고고학과 미술사를 연구하는 연구자들을 후원해 『고고미술』이라는 잡지를 발행해요. 또 훈민정음을 영인본으로 발행해 한글학자들의 연구를 돕기도 했지요. 간송 선생은 서울 성북동의 보화각이 이러한 역사, 미술 연구소가 되기를 꿈꾸었습니다.

하지만 간송 선생은 그 꿈을 이루지 못하고 안타깝게도 일찍 눈을 감아요. 그리고 뒤늦게 한국민족미술연구소가 만들어졌습니다. 이후 50년 가까이 연구가 진행되어 겸재 정선, 추사 김정희, 단원 김홍도, 혜원 신윤복 등의 작품이 재조명되지요.

전문가의 연구를 뒷받침해 우리 문화재의 우수성을 널리 알리려 했던 간송 선생의 마음은 지금까지 여러 연구자들에게 이어져 내려오고 있어요. 그리고 이러한 마음이 미래를 이끌어 나갈 어린이들에게 전달되기를 바라는 마음으로 이 글을 지었습니다.

그럼 이제, 간송 선생이 문화재를 바라보던 따스한 눈길을 따라 간송미술관의 문을 열어 보아요.

이 책이 어린이들에게 또 하나의 '빛나는 보물을 간직한 집'이 되기를 바라며

김민규

차례

4   빛나는 보물을 간직한 집 간송미술관입니다

역사를 품은 우리 문화재

14   **금동계미명삼존불입상** | 나를 지켜 주는 작은 부처님
24   **청자상감운학문매병** | 기와집 열 채와 맞바꾸다
34   **청자상감연지원앙문정병 외 개스비의 수집품** | 땅을 팔아 사금파리를 모으다
46   **백자청화철채동채초충난국문병** | 조선을 품은 백자 이야기
54   **훈민정음** | 일분일초도 품에서 떼어 놓지 않은 책

빛나는 보물을 모아 둔 집

66   **삼청첩** | 금빛 대나무와 바람 맞는 대나무
80   **해악전신첩** | 하마터면 아궁이 속으로 들어갈 뻔했네!
92   **경교명승첩** | 이토록 아름다운 한강
106 **적설만산** | 글씨와 그림은 다르지 않다

우리 삶을 담은 우리 그림

120 **삼일포** | 눈 내린 푸른 바다에 숨겨진 비밀

130 **촉잔도권** | 진짜보다 더욱 진짜같은 상상 속 이야기

142 **단오풍정** | 구석구석 이야기가 담겨 있는 그림

152 **미인도** | 쪽빛 모시 치마 입은 아름다운 여인

우리 그림 속 콕 집어낸 순간

164 **마상청앵** | 말 위에서 꾀꼬리 소리를 듣다

174 **황묘농접** | 사진으로도 흉내 낼 수 없는 세밀함

182 **자웅장추** | 초상화의 대가가 그린 닭과 병아리

192 **야묘도추** | 한 편의 이야기를 듣는 듯해!

202 **팔준도** | 마음껏 뛰노는 말들처럼 살았던 천재 화가

214 간송 선생의 꿈이 이어지고 있는 곳, 간송미술관
216 그림 목록

역사를 품은 우리 문화재

나를
지켜 주는
작은
부처님

金銅癸未銘三尊佛立像
금동계미명삼존불입상

- 삼국 시대인 563년에 만들어졌어요.
- 높이 17.7센티미터로 어른 손보다 작아요.
- 금동으로 만들어졌어요.
- 국보 제72호로 지정되었어요.

■ 간송 선생은 어떤 유물이라도 제값을 주고 사는 것으로 이름나 있었어요. 소유한 사람이 가치를 몰라 헐값을 불러도 그에 합당한 값을 치렀지요. 그래서 한 번 간송 선생을 찾은 골동품상은 가치 있어 보이는 유물을 발견하면 제일 먼저 간송 선생을 찾아왔답니다.

이 작은 부처님은 충청도와 전라도 지역을 가로지르는 호남선 철도 근처에서 출토된 것으로 알고 구입했어요. 이곳은 당시 백제 땅으로, 이 불상은 백제에서 만들어졌을 가능성이 높아요. 하지만 불상의 크기가 작아서 충분히 다른 지역으로 움직일 수 있으니 고구려와 신라에서 만들어진 것일 수도 있어요.

이 작은 부처님이 어떤 이야기를 담고 있어 간송미술관에 남았는지 알아볼까요?

금동계미명삼존불입상

부처님이 귀여운 아기 같은 모습이네!

불교는 석가모니의 가르침을 따르는 종교로, 지금으로부터 2,500여 년 전 인도에서 시작되었어요. 곧 중국, 한국, 일본 등 동아시아로 퍼지며 아시아 문화에 많은 영향을 주었지요.

기독교에 '하느님'이라는 유일신이 있다면, 불교에는 '부처님'이 있어요. 불교 경전에 따르면 부처님은 우리가 사는 8만 4천 세계에 모두 존재할 정도로 많다고 해요. 이러한 부처님의 모습을 조각으로 만들어 그의 가르침을 떠올리도록 한 것이 불상이지요.

불상의 얼굴은 모두 달라요. 사람들은 부처님의 얼굴을 본 적이 없기 때문에 불상은 그 당시 사람들이 생각하는 가장 완벽하고 아름다운 얼굴로 만들어졌어요. 그래서 초기의

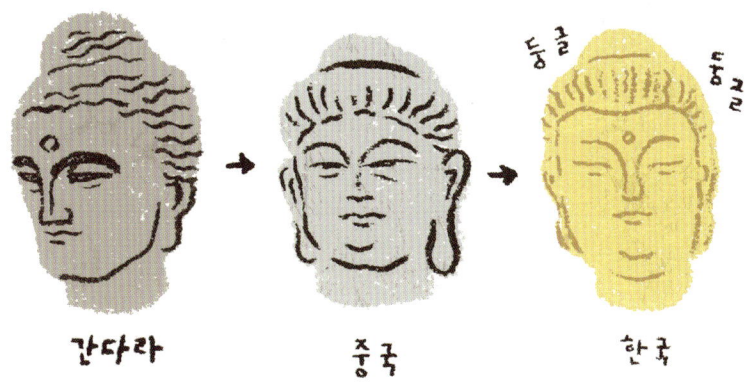

불상은 불교가 시작된 인도 사람들의 모습과 닮아 있지요. 이러한 불상이 비단길을 통해 중국으로 전래되면서 중국 사람들의 얼굴로 그 모습이 점차 변했어요. 다시 중국 불상이 우리나라 삼국 시대에 들어오면서 친숙한 우리네 얼굴로 바뀌었답니다.

불교는 낯선 종교였기 때문에 사람들에게 친근하게 다가가야 했어요. 그 때문에 불상 역시 동글동글한 얼굴에 머리와 손을 크게 만들어서 마치 아기처럼 귀여운 모습으로 머물게 되었지요.

〈금동계미명삼존불입상〉 속 부처님의 모습은 어떤가요? 가운데 조각된 불상이나 양쪽의 보살상 모두 얼굴과 손발이 크고 동글동글하며 살짝 미소 띤 얼굴이에요. 이러한 사실로 미루어 볼 때 이 불상이 불교가 전래되고 얼마 지나지 않은 삼국 시대 때 만들어진 작품임을 짐작할 수 있답니다.

보화가 아버지를 위해 만들다

불상 뒤편에는 연꽃잎처럼 생긴 넓은 판이 있는데, '광배'라고 불러요. 진리를 깨달은 부처님에게서 나오는 밝은 빛을 표현한 것이지요. 이 광배 뒤편에는 이런 글귀가 쓰여 있어요.

금동계미명삼존불입상

계미년 11월 정일 보화가
돌아가신 아버지 조귀인을 위해 만들다
癸未年 十一月丁日 寶華爲 亡父趙貴人造

    이 글귀로 보아 이 〈금동계미명삼존불입상〉은 보화라는 사람이 돌아가신 아버지의 명복을 빌기 위해 만든 불상임을 알 수 있어요. 만들어진 시기는 '계미년'이라고 적혀 있는데 불상의 모습으로 미루어 볼 때 이 작품에 기록된 계미는 563년 정도로 짐작할 수 있지요. 이 작품이 우리나라 최고의 보물, 국보로 지정된 것은 우리나라에 삼국 시대 때 만들어진 불상이 많지 않을 뿐만 아니라 제작 시기와 그 이유를 명확히 알 수 있기 때문이랍니다.

    '삼존불'이란 이름은 세 명의 존귀한 대상이라는 뜻이에요. 그래서 가운데 부처님이 자리하고, 양옆에는 보살님이 조각되어 있어요.

    먼저 가운데 있는 부처님을 살펴볼까요? 부처님은 깨달음을 얻어 명상에 잠긴 듯 아래를 지그시 바라보는 모습입니다. 부처님은 대부분 옷이나 머리에 장식이 없어요. 반면에 보살님은 부처님이 될 수 있는 덕을 갖추었으나 보통 사람들의 깨달음을 돕는 존재로, 아름다운 보석으로 치장하고 있어 부처님과 구분할 수 있답니다.

오른손은 위로, 왼손은 아래로

부처님은 각기 여러 손 모양을 하고 있어요. 가운데 있는 부처님은 손바닥을 앞으로 보인 채, 오른손은 위로 왼손은 아래로 들고 있어요. 불교에서 이러한 특수한 손 모양을 '수인'이라고 불러요.

 오른손은 다섯 손가락을 가지런히 펴고 손바닥을 밖으로 하여 어깨높이까지 올렸어요. '두려워하지 마라'는 뜻으로, '시무외인(施無畏印)'이라 부르지요. 왼손은 손바닥을 밖으로 하여 내린 손 모양이에요. 이는 '뜻대로 될 것이다'라는 뜻을 지닌 '여원인(與願印)'이에요. 부처님의 손 모양은 이처럼 많은 의미를 담고 있지요. 시무외인과 여원인은 불교가 전래되는 시기에 만들어진 손 모양으로, 이 역시 삼국 시대 초기 불상임을 알려 주는 단서가 된답니다.

 간송 선생은 광복이 될 때까지 삼존불을 공개하지 못했어요. 광복 이후에야 공개된 이 작품은 1962년 '금동계미명삼존불입상'이라는 이름으로 국보 제72호에 지정되었답니다.

이름 속에 담긴 유물의 단서를 찾아라!

유물의 명칭은 어떻게 정해지는 걸까요? 꽤 어려워 보이는 이름을 찬찬히 뜯어보면 유물에 대한 단서를 찾을 수 있어요. 왜냐하면 우리나라는 유물의 명칭을 정할 때 그 유물의 정보를 이름에 최대한 넣기 때문이에요.

이 〈금동계미명삼존불입상(金銅癸未銘三尊佛立像)〉의 이름을 풀이해 볼게요.

金금銅동　　　금동으로 제작했으며,
癸계未미銘명　　계미라는 제작 연대가 새겨 있고,
三삼尊존佛불　　부처님을 포함해 세 분이
立입像상　　　서 있는 형태로 만들어진 상입니다.

이름에 만들어진 소재부터 제작 시기와 형태까지 담겨 있네요. 어때요, 이름을 읽는 것만으로도 많은 것을 알 수 있지요?

기와집 열 채와 맞바꾸다

青瓷象嵌雲鶴文梅瓶
청자상감운학문매병

기와집 열 채와 맞바꾸다

- 고려 시대인 13세기에 만들어졌어요.
- 높이 41.7센티미터로 어른 한 팔 길이보다 작아요.
- 국보 제68호로 지정되었어요.

■ 1935년 어느 날, 일본인 골동 수집가 마에다 사이치로는 방금 구입한 매병에 그려진 구름 속을 날아오르는 학을 보며 감탄하고 있었어요. 이 매병은 개성에서 일본인 도굴꾼이 처음 발견했어요. 무덤에서 꺼낸 도굴품이었기에 도굴꾼은 얼마 안 되는 돈에 급히 넘겼고 몇 사람을 거쳐 결국 마에다의 손에 들어온 것이었어요.

마에다는 매병이 보기 드문 명품이라는 것을 한눈에 알아보고 4,000원이라는 큰돈을 주고 구입했어요. 그러고는 천천히 더 비싸게 팔 수 있는 곳을 찾고 있었지요. 벌써 몇 사람이 제법 많은 돈을 제시했지만 이참에 한몫 잡으려던 마에다는 더 큰 돈을 제시할 사람을 찾았어요.

이러한 소식은 간송 선생에게도 전해졌어요. 곧 마에다와 만날 수 있는 자리가 마련되었지요. 마에다는 매병 값으로 2만

원을 제시하고 웃으며 간송 선생을 바라보았어요. 조선인이 이 작품을 기와집 열 채 값을 치르고 사리라고는 생각지 못한 것이지요. 하지만 간송 선생은 이 작품의 값어치를 단번에 꿰뚫어 보고 충청도 땅을 바로 처분해 구입했습니다.

  얼결에 간송 선생에게 작품을 넘기고 난 뒤, 마에다는 뒤늦은 후회를 했어요. 그 뒤에 일본의 한 수장가가 간송 선생을 찾아와 두 배의 가격을 제시하며 이 작품을 사겠다고 나섰거든요. 하지만 선생은 이보다 더 좋은 작품을 가지고 올 경우에만 원래 가격에 팔겠다고 답했답니다. 결국, 일본 수장가는 선생의 기개에 눌려 돌아가고 이 작품은 우리나라에 남게 되었습니다. 이때 간송 선생의 나이는 서른이었습니다.

천 마리 학이 날아오르다

〈청자상감운학문매병〉은 어깨가 넓고 당당하며, 허리는 잘록하고 바닥 부분은 살짝 넓어져서 유려한 곡선미를 자랑하고 있어요. 빛깔은 고려 사람들이 비색 청자라고 불렀던 바로 그 비취색으로 빛납니다. 아름다운 모양새만큼이나 사람들의 눈길을 사로잡는 매력이 또 하나 있어요. 몸체 전체를 빼곡하게 채운 학이 그 주인공이지요.

흰색 몸에 날개 끝이 검고, 머리에 붉은 점이 있는 학이 파란 하늘 속 구름 사이를 오르내리는 모습은 상상만으로도 신비롭고 아름다워요.

흑백으로 그려진 원을 기준으로, 원 안에서는 46마리의 학이 구름을 뚫고 하늘로 날아오르고 있어요. 그리고 원 밖에는 구름을 쫓아 내려오는 23마리 학의 모습을 담았지요.

일본인들은 이 작품을 빙빙 돌려 보면 천 마리 학이 나는 듯하다고 해서 '천학매병'이라고 불렀지만, 실제로는 69마리가 조각되어 있습니다.

상감, 고려 사람들이 사랑한 기법

학의 모습을 좀 더 자세히 볼까요? 학의 부리와 눈, 이마의 볏과 다리는 검은색 흙으로 그려 넣었고, 학을 둘러싼 주위에는 마치

청자상감운학문매병

학의 흰빛처럼 새하얀 구름이 뭉게뭉게 피어오르고 있습니다. 이 모든 것은 사람이 손으로 새겨 넣었지만 마치 하늘에서 학과 구름을 데려다 넣은 것처럼 자연스럽기만 하지요.

    도자기에 문양을 넣는 상감 기법은 매우 섬세하고 복잡한 방법이에요. 먼저 흙을 빚어 그릇의 형태를 만들고 표면에 칼로 여러 가지 문양을 조각해요. 이 문양 속에 흰색과 검은색이 나는 흙을 넣고 초벌구이를 한 뒤, 유약을 입혀 좀 더 높은 온도에서 구워 내면 푸른색 청자에 희고 검은 문양이 보이는 상감청자가 만들어집니다. 이렇게 상감 기법은 어렵고, 시간과 노력이 많이 필요하지만 특유의 아름다움

기와집 열 채와 맞바꾸다

때문에 고려 사람들은 상감 기법을 사랑했답니다. 특히
〈청자상감운학문매병〉은 상감 기법의 절정을 만날 수 있기에,
고려 상감청자를 대표하는 작품으로 손꼽히게 되었어요.

매화의 앙상한 가지를 꽂다

〈청자상감운학문매병〉에는 '매병(梅瓶)'이라는 독특한 이름이
붙어 있어요. '매병'은 무엇을 의미하는 걸까요? 입구가 작고
어깨가 넓게 벌어졌으며 굽까지 내려오는 선의 기울기가
줄어드는 도자기를 주로 매병이라 불렀어요. 칭나라 시대에
와서는 '매화의 앙상한 가지를 꽂기에 적합한 까닭에
매병이라고 부른다'는 유래가 함께 전해지기 시작했답니다.
꽃나무 가지를 꽂아 두는 꽃병이었던 것이지요. 하지만 모든
매병이 꽃병으로 사용되지는 않았어요. 2008년 충남 태안의
마도 앞바다에서 고려 시대 때 화물선이 발견되었어요. 이때
500여 점이 넘는 고려청자가 발굴되었답니다. 그 가운데 두
점의 매병에는 꿀과 참기름을 담았다는 글씨가 적힌
나뭇조각이 함께 전해졌어요. 이 병에는 뚜껑이 있어 꽃병이
아닌 액체류를 담아 두는 그릇이었던 것으로 보고 있어요.

무덤에서 꺼내 온 청자들

우리나라를 비롯해 전 세계에 흩어져 있는 고려청자의 수는 헤아릴 수 없을 정도로 많아요. 일제 강점기, 수만 점의 고려청자가 해외로 빠져나갔으니까요. 그런데 깨지기 쉬운 도자기가 어떻게 천 년 가까운 세월을 지나 지금까지 남을 수 있었을까요?

　박물관에서 만날 수 있는 청자는 대부분 고려 시대 무덤에서 출토된 것이에요. 고려 시대 귀족들은 사람이 죽으면 돌방을 만들고 그 안에 죽은 사람이 사후 세상에서 사용할 수 있도록 각종 그릇과 귀금속을 함께 묻었지요. 그리고 조선 시대에 이르기까지 사람들은 고려청자를 거의 보지 못했어요. 조선 사람들은 죽은 사람이 묻힌 무덤을 파헤치면 천벌을 받게 된다고 생각했기 때문에 무덤을 뒤진다는 것은 상상조차 할 수 없는 일이었지요. 그래서인지 고려 시대의 무덤은 안전하게 보호될 수 있었어요.

　하지만 1890년대 이후 조선이 나라 안팎으로 위태로워지고, 일본이 잇따라 침략해 왔어요. 이때 우리나라 곳곳의 고분을 파헤치면 손쉽게 돈을 벌 수 있다는 소문이 나면서 수많은 고분이 도굴되었어요. 특히 개성과 황해도 일대에 있던 고려 고분은 쉽게 도굴당했고, 그 안에 있던 청자들이 일본 등 해외로 빠져나갔지요.

　도굴꾼들은 무덤 안에 있는 문화재를 찾기 위해서

쇠꼬챙이로 땅을 쑤시고 다녔다고 해요. 쇠꼬챙이가 유물에 닿는 느낌으로 가늠할 수 있었기 때문이지요.

〈청자상감운학문매병〉의 한쪽 어깨에도 이 꼬챙이에 찍힌 상처가 남아 있답니다.

당시 고려청자 수집가로 이름난 사람이 대한제국의 초대 통감이자 을사조약을 주도한 이토 히로부미(伊藤博文, 1841~1909)였으니 일본 사람들이 우리 고분을 얼마나 훼손했을지 짐작할 수 있겠지요?

이 밖에도 일제 강점기에 일본인이 도굴하고 약탈한 문화재는 헤아리기 어려울 만큼 많아요. 그 시대를 살았던 간송 선생은 이러한 상황 속에서 우리 문화재를 지키기 위해 모든 것을 바치는 삶을 선택했지요.

땅을 팔아 사금파리를 모으다

青磁象嵌蓮池鴛鴦文淨瓶
청자상감연지원앙문정병 외
개스비의 수집품

땅을 팔아 사금파리를 모으다

- 12세기 후반 만들어졌어요.
- 높이 37센티미터예요.
- 국보 제66호로 지정되었어요.

■ '사금파리'라는 말을 알고 있나요? 깨진 도자기 또는 도자기를 낮춰서 부르는 말이에요.

간송 선생이 문화재를 수집하던 당시에는 청자나 백자를 '사금파리'라고 해서 하찮게 여기던 시절이었지요. 그래서 간송 선생이 비싼 가격에 낡은 그릇들을 수집하자 사람들은 정신이 이상하다고 수군대기도 했어요.

그러던 어느 날, 간송 선생은 존 개스비(John Gadsby)라는 수집가의 청자 여러 점을 한꺼번에 사들이기 위해 급기야 공주의 큰 농장을 팔아 치웁니다. 그동안 묵묵히 간송 선생을 지켜보던 간송 선생의 어머니도 우려의 말을 전할 정도였어요. 하지만 이때 되찾아 오지 않았다면 간송미술관의 국보 청자들은 세계대전 중에 사라져 영원히 볼 수 없었을지도 모릅니다.

오랜 기다림 끝에서

간송 선생이 문화재를 보관해 둘 건물을 준비하며 본격적으로 문화재를 수집할 때였어요. 일본으로 건너가 있던 국보급 청자들을 한꺼번에 가져올 기회가 찾아옵니다. 바로 일본에서 변호사로 활동하던 영국인 존 개스비의 소장품이었어요. 개스비는 최고의 청자 수집가로 이름 높았어요. 도쿄에서 변호사 활동을 하며 틈틈이 서울에 와 일본인이 가지고 있던 좋은 청자들을 수집해 갔지요. 간송 선생도 개스비가 수집한 고려청자가 얼마나 우수한지 익히 알고 있었어요. 하지만 개스비가 그간 어렵게 모은 소장품을 쉽게 내놓을 리 없었지요.

그러던 중 일본이 세계 전쟁을 일으키려고 하자 개스비는 어쩔 수 없이 자신의 소장품을 정리하고 영국으로 돌아갈 채비를 했어요. 개스비가 소장품을 처분한다는 소식에 간송 선생은 급히 도쿄로 찾아갔지요.

여러 차례 만남 끝에 개스비는 문화를 지키려는 간송 선생의 뜻을 알고 소장품을 넘겨 주지요. 간송 선생은 개스비와의 만남을 자세히 기록해 둘 정도로 이때 상황을 잊지 못했답니다.

청자기린뉴개향로 | 높이 19.7센티미터 | 국보 제65호

고려 사람들을 사로잡은 한여름 연못의 풍경

간송 선생이 되찾아 온 작품 가운데 먼저 〈청자상감연지원앙문정병〉을 볼까요? 고려는 불교의 나라여서 불교 의식에 쓰는 물건을 많이 만들었어요. 정병(淨瓶)에는 맑은 물을 넣어 두었지요. 이 작품은 하늘빛 유약을 온몸에 바르고 있으며, 한여름 연못의 풍경들은 흰색 흙으로 상감해 놓았어요. 버드나무, 대나무, 갈대, 연꽃과 이들 사이를 노니는 두 마리의 원앙이 조각되어 있네요.

    고려 사람들은 이런 물가 풍경을 좋아했어요. 많은 작품에 같은 소재의 문양이 등장하지만 이 작품 속 풍경은 그 가운데 손에 꼽힐 정도로 아름다워요.

기린의 입에서 뿜어내는 연기

향로는 부처님 앞에서 향을 피우는 데 쓰였지요. 향로의 뚜껑에는 사자, 용, 오리, 원앙 등 다양한 동물을 조각했고, 그 입에서 연기가 나오게 했어요. 〈청자기린뉴개향로〉 역시 향로 몸체에서 지펴진 향의 연기가 정중앙에 뚫린 구멍을 거쳐 뚜껑에 조각된 기린의 입을 통해서 나가도록 절묘하게 만들었어요.

손안에 퍼덕이는 오리 한 마리

개스비의 소장품 가운데 뛰어난 청자를 고르라고 하면 〈청자오리형연적〉을 빼놓을 수 없어요.

햇볕이 따가운 한여름, 오리 한 마리가 자맥질해 물속에 들어갔다가 부리로 연 줄기를 물고 나왔다면 아마 이와 같은 모습이 아닐까요?

오리는 두세 가닥의 연 줄기를 입에 물고 있고, 등 뒤에도 연잎과 꽃이 올려져 있어요. 이러한 연 줄기와 꽃봉오리 등을 조각한 것은 이 작품이 먹을 갈 물을 담아 두는 연적이기 때문일 거예요. 오리가 물고 있는 연 줄기가 부리 왼쪽으로 삐죽 나와 있는데, 이곳으로 물이 나와요. 등에 지고 있는 연꽃 봉오리를 빼면 그 아래 연잎 중앙에 물 넣는 구멍이 있지요. 전체적으로 균형 잡힌 몸매에 가슴과 머리는 당당하고 몸과 꼬리는 미끈하게 빠져서 정말 오리 한 마리가 있는 듯해요. 그래서 두 손으로 곱게 쥐면 두툼한 가슴을 밀고 늘씬한 몸으로 쏙 빠져나올 것만 같답니다.

살아 있는 오리 같은 생김새뿐만 아니라 깃털

청자상감연지원앙문정병 외 개스비의 수집품

청자오리형연적 | 높이 8.1센티미터 | 국보 제74호

청자모자원숭이형연적 | 높이 9.9센티미터 | 국보 제270호

하나하나까지 섬세하게 새겨 넣은 것을 보면 고려 시대
사람들의 예술 수준이 얼마나 높았는지 가늠할 수 있어요.

엄마 품에 폭 안긴 아기 원숭이

어미 원숭이가 가만히 앉아서 아기 원숭이를 두 손으로 곱게
감싸고 있어요. 아기 원숭이는 두 다리로 어미의 몸을 감싸고
한 손은 어미의 가슴에 대고 한 손은 뺨을 어루만지고 있지요.
마치 아기가 엄마의 품에 폭 안긴 듯한 모습이에요.
   이 연적이 청자 가운데 사랑스러운 작품으로 손꼽히는
이유는 어미와 아기 사이의 감정을 모두 담아냈기
때문이랍니다.
   어미 원숭이의 머리 위에는 물을 넣는 구멍이, 아기
원숭이의 머리에는 물을 따르는 구멍이 뚫려 있어 벼루에
붓는 물을 담아 두는 연적임을 알 수 있어요.
   중국어에서 원숭이의 후(猴) 발음은 제후의 후와 같아
원숭이는 제후를 상징하기도 해요. 즉, 원숭이 모양의
연적에는 열심히 공부하여 높은 벼슬에 오르라는 뜻도 담겨
있답니다.
   간송 선생은 개스비에게 고려청자의 값을 치르기 위해

충남 공주의 오천 석지기 농장을 팔아야 했어요. 이때 간송 선생이 구입한 청자들의 가격은 정확히 알 수 없지만, 이 청자들의 가치는 당시 돈으로 50만 원이었다고 합니다. 기와집 열 채 값을 주고 구입한 〈청자상감운학문매병〉이 2만 원이었던 것을 기억한다면 개스비에게 구입한 작품들의 가격이 얼마나 높았는지 상상하기도 힘듭니다. 하지만 간송 선생은 조금도 망설이지 않고 이 작품들을 가지고 돌아왔어요.

지금도 수만 점의 우리 문화재가 세계 곳곳에 흩어져 그 가치를 인정받지 못하고 있다는 것을 생각한다면 정말로 다행스러운 일이에요.

일본의 정원에 우리나라 석조물이?

일본 사람들은 정원에 돌로 만들어진 작품을 두고 감상하곤 했어요. 그래서 일제 강점기에 우리나라 석탑, 석등, 문인석 등 석조물들을 일본으로 가져갔지요.
일본의 정원에서 우리나라 석조물을 발견할 수 있는 건 이 때문이랍니다.

간송 선생은 보화각을 건립한 이후에 석조물을 모으는 데도 관심을 기울였어요. 그래서 일본 오사카 등에서 열린 석조물 경매를 통해 여러 작품을 되찾아 왔지요. 그때 사 온 작품들은 현재 간송미술관 정원 곳곳에 놓여 있어요.

간송 선생이 경매에 참여한다는 소문에 터무니없이 가격이 올라가기도 하고, 경쟁자가 붙어서 작품의 가치에 비해 무리한 값을 치르기도 했어요. 이런 우여곡절 속에서도 간송 선생은 석조물들을 다시 찾아와 보화각 곳곳에 두고 연구하게 했어요.

그 결과 우리 나라의 많은 석조물을 일본의 낯선 정원이 아닌 우리 땅에서 다시 볼 수 있게 되었답니다.

조선을 품은 백자 이야기

白磁靑畵鐵彩銅彩草蟲蘭菊文甁
백자청화철채동채초충난국문병

- 조선 시대 18세기 작품이에요.
- 높이 42.3센티미터로 어른 한 팔 길이보다 작아요.
- 국보 제294호로 지정되었어요.

■ 공무원 월급이 70원이었던 시절, 한 경매장에서 백자 한 점이 그의 200배가 넘는 가격에 낙찰되었어요. 바로 국보 제294호 〈백자청화철채동채초충난국문병(白磁靑畵鐵彩銅彩草蟲蘭菊文甁)〉입니다.

〈백자청화철채동채초충난국문병〉은 길고 어려운 이름이지만 나름의 뜻이 있어요.

한자를 천천히 풀어 보면 '백자에 푸른색을 내는 청화, 갈색을 내는 철채, 붉은색을 내는 동채로 풀벌레와 난초, 국화를 그린 병'이라는 뜻이에요. 또 국화와 난초, 풀벌레 등의 문양을 볼록하게 조각한 뒤에 여러 색이 나오도록 안료를 칠했어요. 조선 시대 백자에 문양 넣는 방법이 거의 모두 사용된 매우 귀중한 작품이지요.

간송 선생이 이 작품을 경매에서 구입한 것은 31세

때였어요. 간송 선생은 그때 이미 이 작품의 가치를 알아볼 수 있을 정도의 안목을 갖추고 있었던 거예요.

간송, 경성미술구락부에 등장하다

이 작품은 본래 일본인 은행장이었던 모리 고이치가 소장하고 있었어요. 모리는 값비싼 고려청자보다 낮은 가격으로 거래되던 조선백자를 수집했답니다. 모리가 세상을 떠나고 그의 소장품을 한데 모아 전시했어요. 그리고 전시 마지막 날, 경매에 부쳤지요.

경매는 1936년 11월 22일, 경성미술구락부에서 진행되었어요. 경성미술구락부는 일제 강점기 일본 상인들이 골동품을 사고팔기 위해 세운 경매 회사예요. 안타깝게도 이곳을 통해 우리의 수많은 문화재가 해외로 빠져나갔지요.

특히 이날의 경매는 훗날 많은 사람의 입에 오르내리게 되었답니다.

간송 선생은 그를 도와주던 일본인 골동상 신보 기조로부터 초충문병의 사진을 미리 받아 보고 꼭 낙찰받고자 마음먹은 상태였어요. 그 당시 조선백자는 2,000원 이상에 팔린 것이 없었어요. 하지만 500원에서 시작된 경매 가격은

순식간에 8,000원까지 치솟았습니다. 이윽고 일본 제일의
골동상인 야마나카 상회 주인인 야마나카가 9,000원을
불렀어요. 뒤이어 간송 선생은 1만 원을 불렀고 계속해서
치열한 경합이 벌어졌어요. 마침내 간송 선생이 1만
4,580원을 부르자 야마나카는 포기하고 말아요. 이렇게 해서
〈백자청화철채동채초충난국문병〉은 간송미술관에 남게
되었어요. 당시에 이 광경을 지켜보던 사람들은 이런 글을
남겨 그날을 기억했습니다.

> 젊은 수장가의 불타는 웅지는 드디어 다시 현해탄을
> 건너려 하던 우리나라의 조선백자 중 가장 귀중한 한 점의
> 보물 문화재를 빼앗기기 일보 직전에 수호하고야 말았다.
> 그때 남모르게 비장한 큰 뜻을 가슴 깊이 간직하고 마음
> 졸이며 이 일을 끝까지 이겨 나간 간송의 심정 과연
> 어떠하였을까. 장하도다. 약관 31세로 일본인 거상들을
> 모두 물리치고 우리 민족에게 영광을 가져온 간송.

세상에 없는 빛깔을 그려 내다

치열한 경매 과정도 인상적이지만, 병에 그려진 아름다운

초충도를 바라보면 그 이야기가 잊힐 정도로 그림에 빠져듭니다. 옛 사람들은 풀과 벌레가 그려진 그림을 많이 남겼어요. 이런 그림을 '풀 초(草)' 자에 '벌레 충(蟲)' 자를 써서 '초충도'라고 해요.

　조선 시대 고급 백자에는 아름다운 그림이 많이 그려져 있어요. 그 그림들은 국가 기관인 도화서에 소속된 '화원'이라고 하는 직업 화가들이 그린 거예요. 아마도 이 초충문병은 화원이 밑그림을 그리고, 도공이 형태를 만들고 문양을 도드라지게 조각한 뒤에 다시 화원이 색을 올렸던 것으로 보여요.

　화원이 그렸을 거라고 짐작하는 이유는 이 병에 그려진 문양이 아주 잘 그린 한 폭의 초충도 같기 때문이에요. 이 병에는 국화꽃이 여러 송이 그려져 있는데, 꽃마다 모여 있는 형태나 그 꽃에 들어간 색의 배치가 다를 뿐만 아니라 꽃잎과 꽃술의 색까지 모두 달라요. 또한, 국화잎의 형태는 이러한 그림을 수없이 그려 본 듯 그 모양을 전부 다르게 표현했습니다. 이것은 화가들이 한 폭의 그림에서 반복되는 것을 피하려고 했던 표현 방법이에요.

　이렇게 조각과 그림을 잘 그렸다고 하더라도 자기를 구울 때 불 조절에 실패했다면 우리는 이 작품을 감상할 수 없었을 거예요. 왜냐하면 푸른색, 갈색, 붉은색을 내는 안료인 청화, 철채, 동채는 색이 아름답게 나오는 온도가 조금씩 다르기 때문이에요. 이렇게 한 작품에 세 가지 색을 사용하고, 아름답게 색깔을 내게 하는 것은 숙련된 도공에게도 매우 어려운 일이었지요.

    결국, 뛰어난 화원과 숙련된 도공이 제작하는 과정마다 정성을 들여 이러한 명품이 탄생할 수 있었던 거예요.

초충도는 모두 신사임당 그림이다?

미술관에서 일하다 보면 꽃과 벌레들을 그린 초충도를 보며 "와, 신사임당 그림이다!" 하고 외치는 관람객을 종종 만날 수 있어요. 조선 제일의 여류 화가로 알려진 신사임당의 〈초충도〉가 우리에게 친숙하기 때문일 거예요. 그러나 조선 시대 화가나 서예가는 대부분 남자였습니다. 여성들은 상대적으로 짧은 시간 동안 그림이나 글씨 등을 연습했기 때문에 잘 그려진 초충도는 대체로 남성 화가들이 그린 작품일 가능성이 크지요.

우리가 진경 산수화의 대가로 이야기하는 겸재 정선은 아름답고 세밀한 초충도를 남겨 놓았어요. 그 가운데 〈가을날 한가로운 고양이, 秋日閑猫(추일한묘)〉는 분홍색 국화가 핀 가을날, 검은색 고양이가 마당에 나와서 방아깨비를 바라보는 한가로운 정경을 담은 그림이에요. 정선은 60대 후반에 이 그림을 그렸는데, 뛰어난 관찰력과 섬세한 표현은 마치 사진을 찍어 놓은 듯 사실적이랍니다.

大東千古開矇矓

用字例

初聲ㄱ。如:감爲柿。골爲蘆。ㅋ。如우
케爲未舂稻。콩爲大豆。ㅇ。如러울
爲獺。서에爲流澌。ㄷ。如뒤爲茅。담
爲墻。ㅌ。如고티爲繭。두텁爲蟾蜍。
ㄴ。如노로爲獐。납爲猿。ㅂ。如물
爲蜂。ㅍ。如파爲葱。플爲蠅。ㅁ。

일분일초도
품에서
떼어 놓지
않은 책

訓民正音
훈민정음

- 1446년에 만들어졌어요.
- 반곽(목판의 반 페이지) 23.3×16.6센티미터 크기예요.
- 국보 제70호로 지정되었어요.

■ 1940년 7월 중순, 간송 선생은 한남서림에 들러서 더위를 식히고 있었어요. 한남서림은 옛 책을 팔던 고서점으로, 간송 선생이 문화재를 수집하는 본거지가 되었던 곳이지요. 마침 책 중개상으로 유명한 사람이 모시 두루마기를 휘날리며 그 앞을 바쁜 걸음으로 지나치는 것이 보였어요.

"어딜 그렇게 바삐 가시오?"

저리 바쁘게 가는 데는 분명히 사정이 있을 것이라고 생각한 간송 선생은 급히 그 사람을 불렀습니다.

그가 이야기하기를, 지금 경상도 안동에서 《훈민정음》 원본이 나타났는데, 책 주인이 1,000원을 부르기에 급히 돈을 마련하러 간다는 것이었어요. 《훈민정음》은 당시까지 발견되지 않은 상황이었지요.

때는 일본이 한글 사용을 철저히 금하고 있던 시기였어요.

이 책이 발견되었다는 소식이 조선 총독부 귀에 들어가면 어떻게든 손에 넣으려 할 게 뻔했지요.

   책 주인이 불렀다는 돈 1,000원은 당시 큰 기와집 한 채 값이었어요. 이에 간송 선생은 아무 소리 않고 돈 1만 1,000원을 책 주인에게 내주며 1만 원은 책값이고, 1,000원은 수고비라고 했어요.

   "훈민정음 같은 보물은 적어도 이런 대접을 받아야 합니다."

   간송 선생이 이렇게 말했다는 일화가 전해지지요. 그리고 마침내 훗날 국보 제70호로 지정될 《훈민정음》이 간송 선생 앞에 놓이게 됩니다.

왕이 백성을 위해 만든 글

1443년 12월 30일, 세종 대왕은 조선 백성 누구라도 말하는 것을 쉽게 옮겨 적을 수 있는 말 글자, 훈민정음을 만들었어요. '백성을 인도하는 바른말'이라는 뜻이 담겨 있지요.

   《훈민정음》은 '예의'와 '해례'로 나누어져요. 예의는 세종 대왕이 직접 지은 것으로, 한글을 창제한 이유와 사용법이 간단히 설명되어 있어요. '해례'는 한글 창제를 담당했던

집현전 학사들이 한글을 만든 원리와 목적, 그리고 글꼴을 결합하여 표기하는 방법을 상세하게 밝혀 놓은 것이지요.

간송 선생이 어렵게 손에 넣은 《훈민정음》이 바로 이 '해례본'이에요.

바람 소리도, 닭 울음소리도 쓸 수 있다니!

간송미술관의 《훈민정음》이 국보로 지정된 이유는 1930년대까지 존재만 알고 있을 뿐 아무도 본 적이 없었던 '해례본'이기 때문이에요. '해례본'이 나타나기 전까지 《훈민정음》이 만들어진 원리가 알려지지 않아서 얼마나 과학적으로 만들어진 글자인지 뚜렷이 밝힐 수 없는 상태였어요. 그래서 창문을 보고 만들었다는 등 우리 말글을 낮잡아 이야기하는 내용만 전해 오고 있었지요. 하지만 '해례본'이 발견되면서 한글이 어떤 원리로 만들어졌는지 자세히 알 수 있었답니다.

글자의 형태는 글자를 발음할 때 우리의 혀와 입 등 발성 기관 구조를 본떠서 만들었어요.

한 예로 'ㄱ'은 발음할 때 혀가 목구멍을 막고 치아에 닿는 형태를 바탕으로 만든 거예요. 'ㄴ' 역시 혀가 아랫니에 닿을

때 모양으로 만들었으며, 입술로 소리를 내는 'ㅁ'은 소리 낼
때 입술의 모양을 본떠 만들었답니다. 이밖에도 'ㅅ'은 치아,
'ㅇ'은 목구멍 등 소리 내는 부분의 형태를 본떠서 글자로
만들었다는 것 등이 '해례본'에 설명되어 있어요.

만들어진 원리도 과학적이지만 그동안 한자로는 표현하기
힘들었던 우리말의 아름다움을 한글로 쓸 수 있으며 누구라도
쉽게 읽을 수 있다는 것이 더욱 놀라운 일이었어요. 그래서
'바람 소리와 학의 울음소리, 닭 울음소리나 개 짖는
소리까지도 모두 표현해 쓸 수 있게 되었다.'라고 기록되어
있을 정도랍니다.

일제 강점기에 나타난 《훈민정음》

1909년부터 1945년까지 36년 동안 우리는 일본의 식민
통치를 받으며 우리말과 글을 사용하지 못했어요. 일본은
우리 민족의 정신을 뿌리 뽑아 일본의 국민으로 만들겠다면서
민족 말살 정책을 펼쳤고, 집요하게 우리말과 글의 사용을
금지했습니다. 그래서 당시 학교에서는 오직 일본어로만
수업을 진행했으며, 한글은 사용할 수 없었어요.

간송 선생은 이런 민족 말살 정책이 강화되던 시기에

《훈민정음》을 구한 거예요.

1942년 10월, 일본은 '조선어학회' 사건을 일으켜 한글학자들을 잡아들였어요. 하지만 간송 선생은 그러한 엄중한 시기에 여러 한글학자들에게《훈민정음》을 건네며 우리말과 글을 연구하게 했어요.

간송 선생은《훈민정음》'해례본'이 있다는 사실을 숨기다 광복이 된 뒤에야 세상에 공개했어요. 해방 이후 통문관에서 연구를 위해《훈민정음》을 출판하고 싶다고 하자, 손수 한 장 한 장 뜯어내어 사진을 찍게 했지요. 이렇게 출판한 《훈민정음》'영인본'을 통해 많은 학자들이 한글을 연구할 수 있었고,《훈민정음》의 과학성 또한 밝혀진 것이지요.

일분일초도 품에서 떼어 놓지 않았던 책

해방 이후, 간송 선생은 여러 학자들과 보화각에 보관한 문화재를 연구하려고 했어요. 하지만 또다시 위기가 닥칩니다. 1950년 6·25전쟁이 일어난 거예요. 간송 선생은 그동안 모아 둔 문화재를 보화각에 그대로 두고 떠날 수밖에 없었어요. 하지만《훈민정음》만큼은 오동나무 상자에 넣어 챙겨 갔어요.

피난길에서도 《훈민정음》을 지키기 위한 간송 선생의 노력은 극진했어요. 혹시나 잃어버릴까 낮에는 품고 다니고 밤에는 베개에 넣어 베고 자며 일분일초도 몸에서 떼어 놓지 않았다고 하지요.

일제 강점기를 거쳐 6·25전쟁 속에서도 무사히 지킨 《훈민정음》은 1962년 국보 제70호로, 1997년 유네스코 세계 기록 유산으로 등재되었어요.

숨겨진 이야기

여기가 오래된 물건을 산다는 그곳이지?

한남서림은 일제 강점기에 백두용이라는 사람이 오래된 책을 팔던 서점이었어요.

백두용은 서점과 인쇄소를 함께 운영하면서 《해동역대명가필보》라고 하는 서예 서적을 펴내기도 했지요. 하지만 1932년, 서점 운영이 점차 어려워졌고, 백두용은 간송 선생에게 서점을 부탁합니다.

문화재를 모으기 위해 인사동에 자주 나가던 간송 선생은 기꺼이 한남서림을 인수해 이곳을 중심으로 본격적으로 문화재를 수집했어요.

간송 선생은 이곳에서 북촌으로 모여드는 서화 정보를 얻을 수 있었지요. 또, 이곳으로 오래된 물건을 가지고 오면 간송 선생이 제 가격을 쳐서 구입한다는 소문에 여러 골동품상이 한남서림을 찾았습니다.

한남서림이 있었기에 간송 선생은 옛 책과 다양한 서화를 수집할 수 있었어요.

빛나는 보물을
모아 둔 집

금빛 대나무와 바람 맞는 대나무

三淸帖
삼청첩

- 먹물 들인 비단에 금가루를 개어 만든 안료인 '금니'로 그렸어요.
- 25.5×39.3센티미터 크기예요.
- 보물 제1984호로 지정되었어요.

■ '사군자'로 불리는 식물들이 있어요. 바로 매화, 난초, 국화, 대나무지요. 매화는 찬바람 부는 이른 봄에 제일 먼저 피고, 난초는 깊은 산속에서 은은한 향기를 멀리까지 퍼뜨립니다. 국화는 늦은 가을에 첫 추위를 이겨 내며, 대나무는 모든 잎이 떨어진 추운 겨울에도 푸른 잎을 지켜 내요. 이 네 가지 식물은 덕과 학식을 갖춘 군자의 인품을 닮았다고 해서 조선 시대 문인들이 글과 그림의 소재로 즐겨 사용했습니다.

조선은 쓰러지지 않는 금빛 대나무

이정(1554~1626)은 세종 대왕의 고손자로, 왕족 출신 문인 화가예요. 조선 시대 왕실과 가까운 이들은 정치에 참여할 수 없었기 때문에 주로 시와 글, 글씨와 그림으로 세월을 보내곤 했지요. 이정의 사촌 형인 이암(1507~1566) 또한 강아지, 매 그림 등으로 유명한 화가였어요.

    이정은 젊어서부터 대나무 그림에 뛰어났어요. 부유한 집안에 태어나 재능을 인정받으며 살던 그는 뜻밖의 시련을 겪었어요. 그가 39세가 되던 해에 임진왜란이 일어난 거예요. 나라가 송두리째 일본에 넘어갈 위기 속에서 왜군을 만나 오른팔이 거의 잘릴 정도로 크게 다쳐요. 다행히 붓을 쥘 수 있을 만큼 나아졌고, 이정은 한동안 충남 공주에서 두문불출하고 그림을 그리기 시작합니다.

    그가 다시 세상에 나선 것은 임진왜란이 일어나고 2년 뒤였어요. 1594년 12월 12일에 공주에서 그린 작품을 들고 벗인 간이 최립을 찾아갔지요. 팔을 다친 이후 그린 그림은 이전에 비해 더욱 뛰어났어요. 이에 최립과 석봉 한호는 글과 글씨를 더해 함께 《삼청첩》을 완성해 나갑니다. 당대 최고의 문인들이 함께 만든 《삼청첩》은 일생에 한 번은 보아야 할 보물로 불리며 조선 후기 내내 사대부들이 소중히 여겼어요.

    이정은 어떤 이유로 팔이 낫자마자 화첩을 꾸렸을까요? 아마도 이정에게는 왜군에게 상처를 입은 것이 조선의 선비로서 몹시 자존심 상하는 일이었을 거예요. 이정은 조선이 비록 군사적으로는 밀렸지만 문화적으로 뛰어나다는 것을, 어떠한 바람이 불어도 굽힘이 없을 것이라는 조선 사람들의 의지를 《삼청첩》을 통해 보여 주려고 했는지도 모릅니다.

《삼청첩》의 '삼(3)'이 뭐지?

'삼청(三淸)'이란 한자를 풀어 보면 '세 가지 맑은 것'이라는 뜻이에요. '세 가지'는 이 화첩 안에 등장하는 대나무, 매화, 난초를 말하지요.

이후 사람들은 또 다른 의미도 찾아냅니다. 《삼청첩》은 이정이 그림을 그리고, 이것을 당시 최고의 문장가인 간이 최립이 글로 짓고, 조선 최고의 명필인 석봉 한호가 글씨를 써서 만든 화첩이에요. 이러한 이유로 《삼청첩》은 '세 명의 맑은 사람들이 꾸민 화첩'이라는 의미로 더욱 알려지게 되어요.

하지만 조선의 힘이 약해지면서 《삼청첩》은 일본으로 흘러 들어가게 되어요. 1882년 청일 전쟁의 해군 사령관으로 조선에 들어온 츠보이 코우소(1843~1898)가 이 작품을 서울에서 사서 일본으로 돌아갑니다. 다행히 간송 선생이 다시 구입해 오면서 《삼청첩》은 우리 땅에 남게 되었습니다.

금가루로 그림을 그렸다네!

《삼청첩》의 그림들은 모두 검은색 비단 위에 금가루로 그린 것으로, '금니화(金泥畵)'라고 불러요. 아주 고운 금가루를 접착제 역할을 하는 물풀, 아교와 섞어서 그린 것이지요. 금니는 아교의 양에 따라 빛깔과 농도를 조절하기 힘든 재료라서 숙련되어야 자연스럽게 그릴 수 있어요. 그런데 이정은 화가가 아닌 사대부이면서도 이 어려운 기법을 잘 소화해 《삼청첩》을 그린 거예요.

《삼청첩》의 대나무 그림들은 봄에 돋아나는 죽순부터 잎이 막 새로 난 신죽(新竹), 왕성하게 자란 성죽(成竹), 나이 들어 초췌하고 말라 버린 고죽(枯竹) 등 대나무의 생태를 매우 사실적으로 묘사해 놓았어요. 또 비를 맞아 잎들이 무거워진 우죽(雨竹), 바람에 크게 날리는 풍죽(風竹) 등 대나무의 다양한 모습도 섬세하게 담아냈지요.

군자를 상징하는 난초 그림에는 소인(小人)을 의미하는 가시나무를 함께 그려서 난초의 군자 이미지를 더욱 돋보이게 했어요.

매화는 달과 함께 그려 밝은 달밤에 더욱 맑고 투명해 보이지요. 특히 달은 둥근 달의 형체를 직접 그리지 않고

주변에 금으로 아주 작은 점들을 찍어
표현했어요. 이렇게 다양한 소재를 여러
기법으로 그릴 수 있었던 것은 이정이 금니를
아무런 제약 없이 자유자재로 사용했기
때문으로 보여요. 그림을 보면 금이 뭉치거나
붓 자국이 남아 있는 곳이 없을 정도로
능숙한 솜씨를 보이지요. 또한, 자신의 낙관도 금니로 찍어서
금니를 사용하는 데 달인의 경지에 이르렀던 것을 알 수
있답니다.

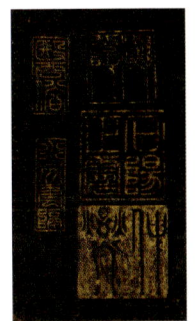

흔들려도 굽히지 않는 대나무처럼

《삼청첩》에 41세였던 이정의 성실함이 담겨 있다면, 비단에
먹으로 그린 〈풍죽〉은 노년의 완숙함이 묻어나는 작품이에요.
제작 시기가 기록되어 있지 않더라도 이정의 그림에서 만날
수 있는 기법이 모두 쓰인 것으로 보아 그의 솜씨가
무르익었을 시기에 그린 것임을 알 수 있지요.

그림을 한번 자세히 살펴볼까요? 위아래로 긴 큰 비단
아래쪽에 간단하게 흙 언덕이 있고 그 위로 바람에 휘날리는
네 그루의 대나무가 있어요.

〈풍죽(風竹)〉 | 비단에 수묵 | 127.5×71.5센티미터

네 나무 모두 가지가 바람에 휘는 각도나 줄기의 수, 잎의 짜임 등이 서로 달라 답답하거나 지루하게 느껴지지 않아요.

가장 앞쪽에 있는 대나무는 짙은 먹으로 그리고, 뒤쪽에 있는 세 그루는 옅은 먹으로 그려서 그림자처럼 보여요. 뒤쪽의 대나무는 바람에 몹시 흔들리지만, 앞에 있는 대나무는 거센 바람에 댓잎만 나부낄 뿐 휘어지지 않고 바람에 맞서고 있는 모습이 돋보이지요.

중국의 문인들은 이정의 대나무 그림을 보고 갈대를 그린 것 같다고 혹평을 하기도 했어요. 하지만 중국의 그 어떤 대나무 그림에서도 대나무를 흔드는 바람이 느껴지는 듯한 작품은 찾아볼 수 없어요. 이정의 대나무 그림은 바람이 불어 휘더라도 줄기가 굽는 것이 아니라 마디를 조금씩 굽혀 놓았어요. 이것은 대나무가 상징하는 '올곧음'을 표현하려고 일부러 그렇게 그린 걸 거예요. 댓잎은 바람에 흔들리고 있으나 줄기는 칼날 같은 날카로움을 잃지 않고 있어서 꼿꼿한 조선 선비의 모습을 떠올리게 하지요.

숨겨진 이야기

일본 총독을 기다리게 하다

1940년대는 일제가 조선의 얼과 혼을 없애려는 탄압 정치를 무지막지하게 강행하던 시기였어요. 이러한 와중에 탄압 정치를 시행하던 조선 총독 미나미 지로오가 보화각을 한번 보고 싶다고 청해 왔어요.

평소 가깝게 지내던 김승현 박사가 총독 비서장 스즈키의 부탁을 받고 청을 전하니 간송 선생은 마지못해 허락했습니다.

막상 총독이 보화각에 도착했을 때는 아무도 마중 나온 사람이 없었다고 해요. 김승현이 당황한 나머지 간송 선생에게 달려 올라가 보니 그제야 자리에서 일어나 천천히 세수하고 옷을 입더랍니다. 그렇게 30분을 기다리게 하고서야 총독을 맞이하여 보화각을 안내해 보이고 응접실에서 홍차를 대접해 돌려보냈다고 해요.

당시 나는 새도 떨어뜨린다 할 만큼 조선의 산천초목을 떨게 하며 2,000만 조선 민족의 목숨을 쥐락펴락하던 조선 총독 미나미 지로오가 이렇게 하찮은 대접을 받고도 보여 주는 대로 보고 갔으니, 간송 선생의 덕망과 인품 그리고 학식과 기개가 어떠했는지 짐작할 수 있겠지요?

반면 간송 선생은 학자들에게는 지극히 친절하고 자상하며 융숭하게 대접하고 약속 시각을 조금이라도 어기는 법이 없었어요. 간송 선생에게 학자들은 어렵게 모은 문화재 속 이야기를 밝혀 우리 문화의 우수성을 사람들에게 전달할 중요한 사람들이었기 때문이지요.
　　이 밖에도 세속의 권세에 초연한 대나무와 같은 군자의 모습이 엿보이는 간송 선생의 이야기가 많이 전해지고 있답니다.

하마터면
아궁이 속으로
들어갈
뻔했네!

海嶽傳神帖

해악전신첩

- 비단에 옅게 채색했어요.
- 32.2×24.4센티미터 크기예요.
- 보물 제1949호로 지정되었어요.

■ 1930년대 간송 선생과 알고 지내던 미술상 장형수는 미술품을 찾아 전국을 다니던 중 큰 기와집 앞에 섰어요. 동네 사람들이 '친일파의 집'이라고 수군거리는 송병준의 집이었지요. 날이 어두워 골동품상이라고 밝히고 하룻밤 그 집에서 묵었는데 마침, 머슴이 아궁이에 불을 때고 있는 것을 보게 되었어요. 그런데 불쏘시개로 집어넣고 있는 종이 뭉치 가운데 초록색 비단으로 귀중하게 꾸민 책이 있는 거예요. 이를 본 장형수는 불쏘시개로 쓰기엔 아까워 보여 머슴에게 책을 달라고 부탁했지요. 그렇게 건네진 책이 바로 겸재 정선(1676~1759)의 《해악전신첩》이랍니다.

한 발짝만 늦었어도 이 화첩은 아궁이 불쏘시개로 불타서 영원히 사라졌을 거예요. 아궁이에서 아슬아슬하게 건진 화첩 속에는 어떤 작품이 담겨 있을까요?

첫 번째 금강산 화첩

조선 후기에는 금강산을 유람하고 시를 짓거나 그림을 그리고 감상하는 것이 유행했어요. 그중에 겸재 정선의 금강산 그림은 최고로 꼽혔지요.

  정선이 처음 금강산에 간 것은 36세 때로 스승인 삼연 김창흡과 함께였습니다. 이 여행에서 돌아온 다음, 처음 금강산 화첩을 만들었고 이때부터 정선의 이름이 널리 알려지기 시작했어요. 다른 스승인 노가재 김창업이 정선의 금강산 그림을 가지고 중국에 갔는데 사람들이 매우 훌륭하다고 칭찬했기 때문이지요. 정선의 그림값이 중국에서 매우 높아서 중국에 사신으로 갈 때 정선의 그림을 받아 가려고 많은 사람이 길게 줄을 섰다고 해요.

다시 그린 금강산 화첩

세월이 흘러 정선은 조선에서 가장 유명한 화가가 되었어요. 그리고 72세에 다시 금강산을 유람했지요. 앞서 자신을 유명하게 만들어 줬던 금강산 그림을 다시 그리고, 스승 김창흡의 시와 친구 이병연의 시를 담아 다시 화첩을 하마터면 아궁이 속으로 들어갈 뻔했네!

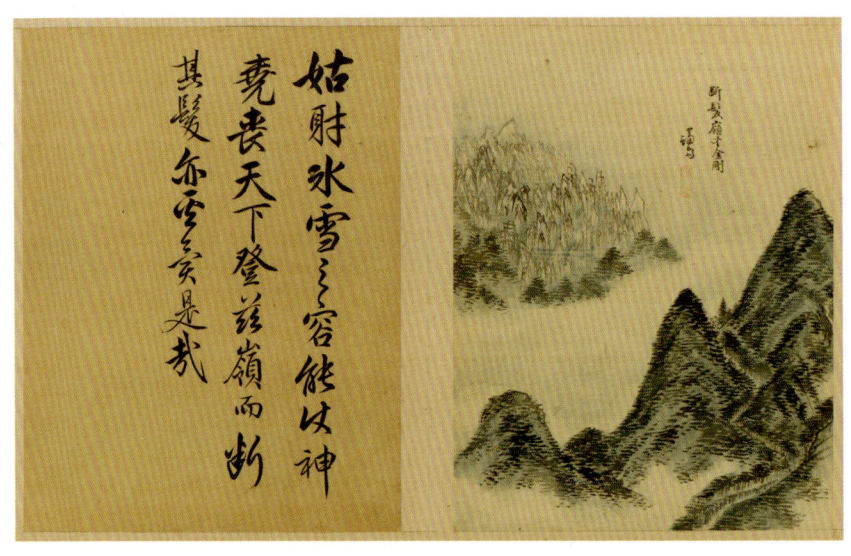

〈단발령망금강〉 | 비단에 옅게 채색 | 32.2×24.4센티미터

꾸리기로 합니다. 그렇게 만들어진 화첩이 바로
《해악전신첩》이랍니다.

　겉표지부터 살펴볼까요? 파란색 비단에 '해악전신'이라는 글씨가 새겨져 있어요. 당시 명필로 알려진 홍봉조의 글씨지요. 화첩 안의 그림 옆에는 김창흡과 이병연의 감상시가 적혀 있어요. 김창흡의 시는 홍봉조가 쓰고, 이병연의 시는 정선이 직접 썼지요.

머리 깎고 승려 되어 금강산에 살래

《해악전신첩》은 강원도 철원 삼부연을 시작으로 금강산에 들어가 동해안으로 나오는 순서대로 그림이 그려져 있어요. 이 가운데 〈단발령망금강〉은 금강산이 가장 잘 보인다는 '단발령'이라는 고개에서 금강산을 바라본 것을 그린 작품이에요.

　화면 왼쪽 위에는 금강산이 구름을 뚫고 솟아난 연꽃처럼 그려져 있어요. 1만 2천 개 봉우리는 흰 눈이 내려 얼음으로 깎은 듯 신비하게 보입니다. 오른쪽 아래에는 나무들이 우거진 산을 부드럽게 먹으로 표현했어요. 마치 금강산을 포근히 감싸고 있는 느낌을 줍니다.

⟨금강내산⟩ | 비단에 수묵 | 32×49.6센티미터

산등성이 사이로 난 길에는 선비 몇 명이 단발령에 힘겹게
오르는 모습이 보이네요. 이곳이 '단발령'으로 불리게 된 것은
이 고개에서 바라본 금강산의 모습이 너무 아름다워서 한 번
오면 머리를 깎고 승려가 되어 금강산에 살게 된다는
이야기가 전해지기 때문이라고 해요. 단발령에 오른 선비들은
과연 어떤 길을 택했을까요?

금강산 보고 싶은 사람, 여기 모여라

이 화첩에 실려 있는 또 다른 작품 〈금강내산〉은 금강산 1만
2천 봉에 하얗게 눈이 내려 마치 흰 연꽃이 막 피어나는 듯한
모습을 담고 있어요. 금강산에서 가장 높은 비로봉은
크게 팔 벌려 여러 봉우리를 감싸고 있지요. 그 안에는
금강산의 유명한 절인 장안사, 정양사, 표훈사, 보덕굴 등이
그려져 있고, 불정대, 향로봉 등 봉우리들도 굳건하게 자리를
지키고 있습니다.

해악전신첩

사실 금강산은 이렇게 한눈에 보이지 않을 정도로 거대하며, 골골이 깊고 수많은 절과 암자가 있는 곳이에요. 정선은 이러한 금강산을 마치 하늘에서 내려다본 것처럼 한 폭에 그려 낸 것이지요.

〈금강내산〉은 이 화첩에 들어가 있는 여러 장소를 모두 담아내 각 그림의 위치가 어디인지 짐작하게 하는 '머리말' 같은 그림이에요.

이 밖에도 이 화첩에는 금강산에서 아름답기로 유명한 곳과 동해안의 절경이 담겨 있어요. 70대의 노화가가 그렸다고는 믿기 어려울 정도로 붓질이 힘차고 긴장감 넘치는 그림들이지요.

이 그림들은 실제 우리 산수를 그려 낸 진경 산수의 대가가 그린 작품답게 각 경치의 특징이 잘 드러나요. 정선의 마음이 빚은 풍경이어서인지 실제 경치보다 더 아름답기까지 하답니다.

정선의 그림을 가장 먼저 알아본 사람은?

정선은 진경 산수화의 대가로 지금은 누구나 한 번쯤 그의 그림을 보아 알고 있지만, 작품의 가치를 제대로 인정받은 것은 얼마 되지 않았어요. 사실 일제 강점기는 물론 최근까지만 해도 정선의 작품 가격은 단원 김홍도, 혜원 신윤복에 비해 높지 않았답니다. 그런데도 간송 선생은 특유의 안목으로 이러한 정선의 작품을 100여 점 이상 수집하고 보존했어요. 현재 국립중앙박물관에서 소장하고 있는 정선의 그림보다 많지요.

간송 선생이 세상을 떠난 뒤, 간송미술관에 설립된 한국민족미술연구소에서는 수십 년 동안 조선의 미술사를 연구했어요. 그리고 비로소 정선의 진경 산수화는 올바른 평가를 받을 수 있게 되었답니다.

이토록 아름다운 한강

京郊名勝帖
경교명승첩

- 비단에 옅게 채색했어요.
- 세로 20.8~31×가로 16.8~41센티미터 크기예요.
- 보물 제1950호로 지정되었어요.

■ 간송 선생이 문화재를 수집할 때 형제처럼 의지했던 이가 있었어요. 바로 위창 선생의 소개로 알게 된 이순황이지요. 서화에 눈이 밝은 이순황은 평생 간송 선생 곁에서 서화를 찾는 일을 도맡아 했어요. 그러던 어느 날 한남서림에 있던 이순황은 겸재 정선의 화첩을 구했다는 소식을 받았습니다.

이는 곧 간송 선생에게 전해졌고 간송 선생은 얼른 나가 떨리는 마음으로 '경교명승첩'이라 쓰인 화첩을 받아들어요. 그리고 조심스레 첫 장을 펼쳤지요. 그곳엔 250여 년 전 서울이 고스란히 들어 있었어요.

진경 산수의 시대를 열다

지금은 우리 주변 풍경을 그림으로 그리는 게 흔한 일이지만,

정선이 살던 시기에는 주로 중국의 유명한 산수를 그림으로 남겼어요. 실제 경치를 보지 않고 그린 그림을 '관념 산수화'라고 부르지요. 당시엔 중국의 경치를 그리는 것이 오랜 전통이었어요. 우리의 산수를 그리더라도 중국에서 쓰는 기법을 사용하여 실제 우리 경치라고 느낄 수 없는 그림들이 많았어요.

그대의 그림과 내 시를 교환하자

《경교명승첩》은 정선의 가장 친한 벗이었던 이병연과의 약속에서 시작되었어요. 이병연이 시를 지어 보내면 정선이 그에 맞는 그림을 그려 보내기로 했지요. 약속을 한 시기는 정선이 그간의 공을 인정받아 양천 현감으로 발령받은 때였어요.

　이때 정선의 나이는 68세, 이병연은 73세였으니 적은 나이가 아니었지요. 지금 헤어지면 언제 만날지 알 수 없다는 생각에, 비록 자주 만나지는 못하더라도 작품으로 하나가 되기로 한 것이에요.

경교명승첩

한강에도 백사장이 있었다니!

조선 시대 내내 한강에서도 가장 아름다운 곳으로 꼽히던 곳이 있었어요. 조선 시대 초기에 권력을 쥐고 있던 한명회(1415~1487)가 지은 '압구정'이란 별장이 있는 곳이지요. '친할 압(狎)' 자와 '갈매기 구(鷗)' 자를 써서 '압구정'이라고 이름 지었는데, 그 뜻은 정치에서 물러나 오리, 갈매기와 어울려 한가롭게 살겠다는 것이었어요.

압구정의 규모는 궁궐 못지않을 정도로 어마어마했어요. 또한, 강가 근처라 경치가 뛰어났답니다. 명나라 사신들도 조선을 방문할 때면 꼭 들러 뱃놀이를 즐기고 가는 명소로 이름나 있었지요. 정선은 바로 그 압구정의 모습을 꼼꼼히 그림으로 남겼어요.

  언덕 위에 높이 세워진 기와집이 압구정 건물이에요. 남산 자락 높은 곳에 자리하고 있어서 서울을 둘러싼 산들을 한눈에 바라볼 수 있었지요. 압구정이 있는 바위 봉우리를 따라 내려가면 커다란 기와집들이 늘어서 있고, 멀리 넓은 백사장에는 배가 여러 척 정박해 있습니다.

  이 작품이 우리에게 더욱 소중한 것은 그림을 통해 서울의 옛 모습을 더듬어 볼 수 있기 때문이에요. 1970년대에 나라에서는 대대적인 정비 사업을 했고, 한강에는 이 그림처럼 아름다운 백사장이나 뱃놀이할 만한 장소가 사라졌어요.

  압구정 역시 지금은 아파트 단지 속에 작은 표지석으로만 남아 있을 뿐, 깎여 나간 봉우리는 흔적도 찾을 수 없지요. 하지만 그림 속의 서울은 250년 전 아름다웠던 자연을 고스란히 간직하고 있습니다.

남산 위의 저 소나무 철갑을 두른 듯……

압구정에서 바라본 강 건너에는 유독 짙푸른 산이 우뚝 솟아 있는데 이 산은 다름 아닌 남산입니다. 그 꼭대기에 구름같이 솟은 나무가 이 산을 상징하는 큰 소나무지요. 애국가 2절에 나오는 '남산 위에 저 소나무…….'라는 가사를 알고 있나요? 바로 이 소나무를 말한답니다. 이 나무는 남산을 그린 그림에서 빼놓지 않고 등장하는 소재이기도 해요.

이 소나무는 '오성과 한음 이야기'로 유명한 이항복(1556~1618)의 일화에도 나와요.

이항복은 당시 권력을 쥐고 조정을 좌우하던 홍여순(1547~1609)이 기이한 꽃과 식물을 좋아해서 동대문 성벽을 허물고 나무를 가지고 온다는 소식을 듣자 이렇게 이야기했다고 해요.

> "내 집에는 아침에 새벽안개가 일어나고, 저녁에 석양이 비껴들며 낙락장송이 돌 틈에 자라 있는 괴이한 돌이 있다."

홍여순이 그 말을 듣고 들떠서 비싼 값에 그 바위와 나무를

이토록 아름다운 한강

사겠다고 나섰지요. 그러자 이항복이 남산의 소나무를 가리키며 저것이니 가져가라 했다고 하지요.

안개비가 내리는 250년 전 서울의 모습

한강변의 아파트 단지와 강변도로가 원래는 아름다운 백사장과 줄줄이 이어진 산봉우리들이었다면, 고층 빌딩으로 가득한 서울은 이 당시에 어떤 모습이었을까요?

〈안개비가 내리는 장안, 長安烟雨(장안연우)〉는 1750년대 안개비가 내리는 서울의 풍경을 보여 주고 있어요. 인왕산과 백악산 사이 창의문 부근에서 본 모습이 그려져 있지요. 왼쪽이 백악산, 오른쪽이 인왕산이며, 정면에 좌우로 길게 놓인 산이 〈압구정〉에서도 보이던 남산이에요. 백악산과 인왕산에서 시작된 계곡물은 경복궁을 지나 청계천으로 흘러 들어가고, 그 주변에는 작은 집들이 옹기종기 앉아 있어요. 안개비가 내리고 있는 서울의 아름답고 고요한 느낌을 잘 전해 줍니다.

　이 마을은 정선이 태어나서 평생 살았던 동네로, 이 당시에는 '장동(壯洞)'이라고 불렸어요. 정선이 거의 매일 오가는 동네였기에 백 채가 넘는 집과 길을 이토록 자세히 그릴 수 있었을 거예요.

　정선이 이렇게 우리가 살고 있는 곳, 그 안에 진솔한 사람들을 아름답게 그려 낼 수 있었던 것은 당시 조선을 무척 사랑했기 때문이에요.

　조선 후기를 붕당정치, 세력 다툼으로 망해 가던 시기라고 주장하는 이도 있지만 문화가 융성했던 황금기이기도 했어요. 임진왜란과 병자호란을 겪고 나서 우리 산천, 우리 문화에 대한 자부심이 강해진 시기이기도 하지요. 그래서 우리의 모습을 아름답게 표현한 작품이 경쟁하듯 쏟아지고, 이를 우리가 감상할 수 있었던 거예요.

〈안개비가 내리는 장안, 長安烟雨(장안연우)〉 | 종이에 먹 | 39.8×30센티미터

숨겨진 이야기

천금을 주더라도 바꿀 수 없었던 우정

《경교명승첩》의 모든 그림에는 '천금물전(千金勿傳)'이라는 도장이 찍혀 있어요. 이것은 '천금을 주더라도 남에게 넘기지 마라.'는 뜻으로 정선이 직접 찍었지요. 소년 때부터 수십 년간 시와 그림으로 사귀어 온 벗, 이병연과 함께 만든 화첩이었으니까요. 이 도장만으로도 정선이 이 화첩을 얼마나 소중하게 여겼는지 알 수 있습니다.

정조 임금 때 영의정을 지낸 만포 심환지는 이 화첩을 정선의 아들인 정만수에게서 어렵게 전해 받아요. 정만수는 정선과 이병연이 그림과 시를 주고받을 때 심부름을 했지요. 그래서 심환지에게 이 화첩을 보내면서 이 화첩이 얼마나 중요한지 여러 차례 설명했답니다.

〈인왕제색도〉는 이병연이 병에서 회복하기를 바라는 간절한 마음에 그린 것이고, 《경교명승첩》은 정선과 이병연이 주고받은 시와 그림으로 이루어진 것을 심환지는 잘 알고 있었지요.

심환지는 자신이 죽고 난 뒤, 제사를 지낼 때 〈인왕제색도〉를 걸어 놓으라고 할 정도로 정선의 그림을 아꼈어요. 그래서 이 두 작품을 집안의 가보로 남겼습니다.

그러나 일제 강점기에 심환지가 소장했던 많은 그림은 뿔뿔이 흩어졌어요. 그 가운데 《경교명승첩》은 간송 선생이 구입하여 간송미술관에, 〈인왕제색도〉는 여러 사람을 거쳐 현재 리움미술관이 소장하고 있습니다.

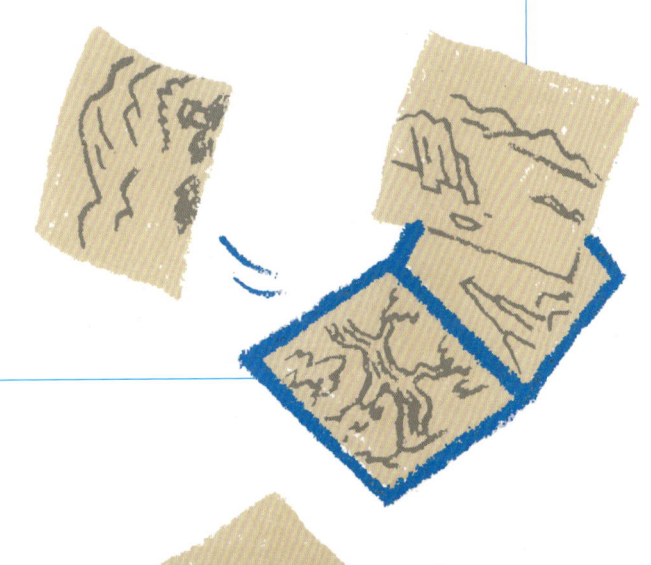

積翠滿山江永闌千指下春風乃見天心

글씨와 그림은 다르지 않다

積雪滿山
적설만산

- 종이에 수묵으로 그렸어요.
- 22.9×27센티미터 크기예요.
- 보물 제1983호로 지정되었어요.

■ 추사 김정희(1786~1856)는 19세기 조선의 학문과 예술을 이끌었던 서예가이자 문인 화가예요. 학식이 높아 여러 제자들이 그를 따랐지요. 하지만 정치적으로는 힘든 위치에 있었어요. 순조 임금과 효명세자를 보호하려고 하다가 반대파인 안동 김씨의 주도로 제주도로 귀양을 떠나게 됩니다.

지금은 제주도가 아름답고 살기 좋은 곳이지만 이때만 해도 곡식이 자라기 힘든 몹시 척박한 땅이었어요. 한번 가면 언제 돌아올지 모를 막막한 곳이었지요.

김정희는 이곳에서 8년을 보냅니다. 양반가에 태어나 부족함 없이 지내 온 그에게 귀양 생활은 척박한 땅만큼이나 거칠고 모진 시간이었어요.

그 오랜 세월, 김정희는 어떤 마음으로 보냈을까요?

중국 최고 지식인들과 교류하다

김정희는 조선 후기를 대표하는 명문가 경주 김씨 집안에서 태어났어요. 어릴 때부터 증조부의 서재에서 책을 마음껏 읽으며 학문에 몰두할 수 있었지요. 학문이 깊어질수록 김정희는 청나라에 가서 새로운 사람들을 만나 학문에 대해 이야기하고 싶었어요. 그러다 1809년, 아버지가 사신으로 중국 연경에 가게 되면서 기회를 얻었지요.

    연경에는 새로운 책이 무수히 많았어요. 이곳에서 김정희는 당시 청나라 최고의 지식인으로 불리던 옹방강과 완원 등 중국의 학자들과 글로 우정을 나누기 시작했어요. 그리고 오래된 비석의 글자를 해석하는 금석학을 공부하고, 그만의 글씨체를 탄생시키는 기틀을 다졌지요.

난으로 맺은 굳은 맹세

중국 유학으로 폭넓은 식견을 지닌 김정희 곁에는 많은 사람들이 있었어요. 그가 어울렸던 사람들을 보면 신분의 높고 낮음을 따지지 않았음을 알 수 있답니다. 김정희가 지인들에게 선물한 작품을 볼까요?

적설만산

《난맹첩》은 김정희가 그의 제자이자 장황사로 일했던 유명훈에게 그려 준 화첩이에요. 장황사는 그림이나 글씨 등을 비단이나 종이 등으로 두르거나 감싸는 사람들을 이르는 말이지요. 옛 그림과 글씨를 지금도 볼 수 있는 것은 이러한 장황사들의 꼼꼼한 손길이 닿았기 때문이랍니다.

장황사는 사대부가 아닌 중인 신분이었어요. 그런데도 김정희는 유명훈을 제자로 받아들였을 뿐만 아니라 그의 아들까지 제자로 키웠어요. 또 《난맹첩》을 통해 난을 그리는 법을 가르쳐 주려고 했지요.

《난맹첩》에는 김정희가 그린 여러 모습의 난이 있어요. 각 그림에는 그에 어울리는 시가 김정희 특유의 글씨로 적혀 있지요.

'난맹'은 '난과 같은 굳은 맹세'라는 의미를 지니고 있어요. 옛날부터 절친한 사람들의 사귐을 '지란지교(芝蘭之交, 지초와 난초 같은 사귐)'와 같다고 일컬었는데, 이 말 속에 등장하는 난을 그려 선물한 거예요.

특히 《난맹첩》은 김정희의 유일한 묵란첩인 데다가 김정희의 난 그림을 다채롭게 보여 주고 있어서 지금까지도 그 가치를 높이 평가받고 있답니다.

글씨가 그림이 되고 그림이 글이 되는

이 화첩 가운데 〈쌓인 눈이 산을 뒤덮다, 積雪滿山(적설만산)〉은 제목처럼 눈이 온 산 가득히 쌓여 있고 추운 바람과 눈과 서리를 이겨 낸 짤막한 잎들 사이로 꽃들이 무더기로 피어나 있는 모습을 그린 것이에요.

    모진 추위를 이겨 낸 난 잎들은 마치 잔디처럼 짧고 굵은데, 눈 사이를 비집고 나오면서 눈과 바람에 해진 것이에요. 이 짤막한 잎들 사이로 여러 송이 꽃들이 바람을 피하려는지 간신히 고개만 내밀고 있어요. 하늘과 땅을 구분할 수 없을 정도로 내린 눈은 그리지 않았지만 비어 있는 여백 가득 눈이 쌓여 있음을 짐작하게 하지요.

    김정희는 난 아래에 조그맣게 시를 써 두었어요.

> 쌓인 눈 산 덮고, 강 얼음 난간 이루나. 손가락 끝에 봄바람이니, 이에서 하늘 뜻 알다. 거사가 쓰다.
> 積雪滿山, 江氷闌干. 指下春風, 乃見天心. 居士題

이 글씨들은 마치 눈을 뚫고 꽃 피운 난들의 온기에 눈이 녹아 자갈들이 드러난 듯 보이기도 합니다. 그림과 글씨가 서로 어울려 하나의 작품으로 완성된 것이지요.

  김정희는 글씨와 그림이 다르지 않다고 생각했어요. 그도 그럴 것이 그림을 그리던 붓으로 글씨 또한 써 내려가니까요. 그가 남긴 작품들을 보면 시와 글씨, 그림이 하나로 어우러진 것을 볼 수 있습니다.

  그림의 오른쪽 위에는 '보담재'와 '경경위사'라는 도장이 찍혀 있어요. '보담재'는 김정희가 중국에 있을 때 스승으로 여겼던 담계 옹방강을 보배롭게 여기는 집이라는 뜻이에요.

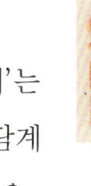

  그렇다면 '경경위사'는 무슨 뜻일까요? 옷감을 짤 때 위아래로 걸어 놓은 실이 씨실이고, 이 씨실 사이로 오가며 천을 짜는 것이 날실이에요. 역사와 경전을 각각 씨실과 날실에 빗대어 경전 공부로 기둥을 세우고 역사로 사이사이 채워야 한다는 뜻을 담고 있어요.

글씨로 보답한 찻값

중국에 있을 때 고급 차를 접하고 차를 좋아하게 된 김정희는 조선에 돌아와서도 차를 즐겨 마셨어요. 차와 함께 평생

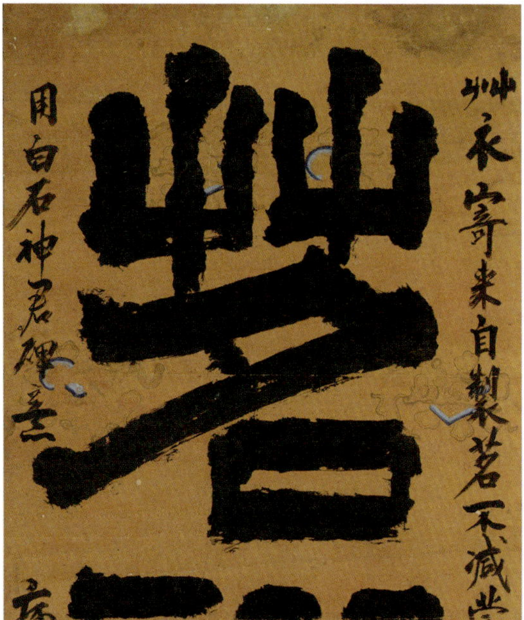

〈명선〉 | 김정희 | 종이에 먹 | 115.2×57.8센티미터

우정을 이어 간 친구도 있지요. 바로 조선 후기 차 문화를 이끈 초의선사예요. 초의선사는 전남 해남 대흥사 일지암에서 차를 만들어 김정희에게 선물하곤 했어요. 유배 생활을 하고 있던 김정희는 이에 글씨로 보답합니다.

김정희는 '차를 마시며 참선의 세계에 빠져든다.'라는 뜻의 '명선(茗禪)'이라는 호를 지어 주어요. 그리고 중국에서 가져 온 그림이 그려진 종이 위에 예서 글씨체로 써 주었어요.

초의가 자신이 만든 차를 부쳐 왔는데
몽정, 노아보다 덜하지 않다.
이에 보답하기 위해 백석신군비의 뜻으로 이를 쓴다.

예서는 획을 간략화하고 일상적으로 쓰기에 편리하도록 만든 서체예요. 얼핏 아무렇게나 쓴 글씨 같지만 볼수록 멋이 느껴지지요.

몽정, 노아는 중국의 최고급 차인데 초의선사가 만들어 보낸 차가 이 명차만큼 좋다는 뜻이에요. 여기에 한나라 때 백석신군비의 글씨를 본떠 쓴 거예요. 초의선사는 이 글씨를 받고 김정희가 세상을 떠날 때까지 차를 선물했다고 합니다.

김정희는 직업이 화가는 아니었지만 조선 후기 화단을

이끌었어요. 금석학에 통달해 북한산에 있던 오래된 비석이 신라 진흥왕 순수비라는 것을 밝혔고, 서예에서는 그만의 추사체를 완성했지요. 그가 그린 문인화는 선비의 정신이 가득 담겨 있어 지금까지도 높이 평가받아요.

오랜 유배 생활을 마치고는 과천에 머물며 제자들을 가르치고 학문에 몰두했어요. 마지막으로 봉은사에 머물며 백파, 초의선사와 사귀어 지내다가 '판전(板殿)'이라는 큰 글씨를 써 주고 홀연히 세상과 이별했다고 합니다.

숨겨진 이야기

종이 한 장에도 정성을 다하여

지금은 종이를 구하기 쉽지만 옛날에는 그렇지 못했어요. 임금도 종이를 함부로 쓰지 않았지요. 옛 선비나 화가들은 좋은 종이를 구하려고 애를 썼어요. 종이에 따라 글씨나 그림이 달라졌기 때문이지요.

간송미술관에 전시된 김정희의 글씨들을 보면 종이가 매우 특이하다는 것을 알 수 있어요. 종이에 여러 색의 그림이 그려져 있기도 하고 금가루가 뿌려져 있기도 하지요. 또 종이 색은 빨간색, 노란색, 파란색 등 무척 다양해요.

이런 종이들은 '냉금지'라고 부르는데, 종이 위에 여러 색을 입힌 가루를 곱게 펴 바르고 다시 그 위에 그림을 그리거나 금박 등을 입히는 고급 종이로 중국에서 만들었어요. 김정희는 중국에 가서 많은 학자들과 교류한 데다, 제자들 가운데 중국어를 잘하는 역관들이 있어서 이러한 종이를 어렵지 않게 구했을 거예요. 좋은 뜻을 담은 멋진 글씨를 아름다운 종이에 정성껏 써서 보내고자 했던 김정희의 마음을 느낄 수 있어요.

우리 삶을 담은
우리 그림

高城三日浦圖
澹軒李憂坤題 三淵金昌翕題 圓嶠書
宜明書

눈 내린 푸른 바다에 숨겨진 비밀

三日浦
삼일포

종이에 옅게 채색했어요.
30×27센티미터 크기예요.

■ 일제 강점기 시절, 간송 선생이 있었다면 조선 시대에는 석농 김광국(1727~1797)이라는 대수장가가 있었어요.

왕의 건강을 책임지는 내의원 의관이었던 김광국은 그림을 좋아하고, 예술가들을 사랑하여 그들이 작품을 계속 그릴 수 있도록 도왔어요. 그리고 완성된 작품을 모아 《석농화원》이라는 방대한 분량의 화첩으로 꾸몄지요.

우리가 잘 알고 있는 '아는 만큼 보인다'라는 말이 바로 이 화첩에 실려 있는 말이에요.

와룡암에서의 첫 만남

수장가 김광국과 화가 심사정의 첫 만남을 그린 것이 바로 〈와룡암소집도〉예요. 김광국은 그림과 별도로 밝은 옥색

〈와룡암에서의 조촐한 모임, 臥龍庵小集圖(와룡암소집도)〉
종이에 옅게 채색 | 29×48센티미터

종이에 이 그림이 어떻게 그려졌는지 직접 써 놓았어요. 이 글에 등장하는 상고당은 김광수의 호이고 현재는 심사정(1707~1769)의 호랍니다.

갑자년(1744) 여름, 내가 와룡암에 있는 상고당 김광수를 방문하여 향을 피우고 차를 달여 마시며 서화를 논하던 중 하늘에서 갑자기 먹구름이 끼면서 소나기가 퍼부었다. 그런데 그때 현재가 문밖에서 낭창거리며 들어왔는데,

옷이 흠뻑 젖어 있어 쳐다보고 아연실색하였다. 이윽고 비가 그치자 정원에 가득 피어오르는 경관이 마치 미가(米家)의 수묵화와도 같았다.
현재가 무릎을 안고 주시하다가 홀연히 크게 소리치고 급히 종이를 찾아 심주(沈周)의 화의(畵意)를 빌어 〈와룡암소집도〉를 그렸다. 필법이 창윤하고 임리하여 나와 상고당이 감탄하였다. 이에 작고 조촐한 술자리를 마련하여 아주 기쁘게 놀다가 파했다. 내가 그 그림을 가지고 돌아와 집에서 감상하며 아꼈다……

당시 18세였던 김광국은 상고당 김광수의 집에서 차를 마시며 이야기하다가 소나기를 뚫고 들어온 현재 심사정을 보고 놀랐어요. 비에 흠뻑 젖은 심사정은 비가 그친 정경에 넋 놓고 있다가 순식간에 와룡암의 모습을 그려 냈어요.
　김광국은 그때 심사정이 그린 이 그림을 소중히 간직했지요. 그리고 그림이 그려진 지 47년 만인 1791년에 이러한 내력을 정성스럽게 적어 놓은 거예요. 덕분에 그림이 탄생한 배경을 마치 어제 있었던 일인 듯 실감나게 알 수 있어요.
　이 글에 나오는 심주는 명나라의 문인 화가로, 심사정은 심주와 중국 문인들의 화법을 많이 연구해 조선 남종화라는 독특한 화법을 만들어 냈어요. 필법이 창윤(蒼潤)하고 임리(淋漓)하다는 것은 물기 가득한 모습이라는 뜻이에요.

  이 내용을 적을 무렵엔 김광수도 심사정도 이미 세상을 떠난 뒤였어요. 그래서인지 글에서 당시를 그리워하는 마음이 묻어납니다.

  심사정은 불우한 환경 때문에 집 밖에 나서는 일이 거의 없었다고 해요. 그런 연유로 진경 산수화를 많이 남기지 못했는데 이 화첩에는 〈와룡암소집도〉〈만폭동〉〈고성 삼일포〉 등 진경 산수화가 여러 점 실려 있어 그가 그린 세상을 감상할 수 있어요.

  〈고성 삼일포〉는 심사정이 남긴 진경 산수화 가운데 특히 사랑받는 작품이에요.

  쪽빛이 옅게 물든 호수에 산이며 바위가 동글동글하게 자리하고 있어요. 산이며 바위는 기다란 선을 여러 번 그어 그렸어요. 그 선들이 마치 풀어 놓은 삼 껍질 같다고 해서, 이러한 기법을 '피마준(披麻皴)'이라고 해요. 주로 산의 능선을 표현할 때 쓰지요. 겸재 정선이 다른 그림에서 삼일포의 바위를 사람처럼 우뚝하게 그려 놓았던 것과는 사뭇 다른 느낌이에요.

    이 그림이 사람들에게 사랑받는 이유 중 하나는 푸른 바다 같은 종이 색과 마치 눈이 내리는 듯한 흰 점들 때문이에요. 많은 사람들은 심사정이 눈이 내리는 것을 표현한 것으로 알지만 사실 이 흰 점들은 좀들이 종이를 갉아 먹은 자국이지요.

    이 작품은 간송 선생이 소장하기 전에 이렇게 손상되었는데 그나마 구입 후에 손질을 해서 현재 모습이 되었어요. 벌레들이 좋은 그림을 알아본 듯 갉아 먹은 것이 그림의 운치를 더하여 우리를 놀라게 하네요.

동양화는 밑그림을 그리나요?

"동양화는 밑그림을 그리나요?"라는 질문을 많이 받아요. 물론 밑그림을 그리기도 합니다. 먹물, 유탄(柳炭, 버드나무로 만든 숯)으로 서양의 스케치처럼 밑그림을 그리거나 실물을 그대로 묘사하기도 하지요.

초상화처럼 복잡하거나 비단에 그림을 그릴 때는 밑그림이 매우 중요해요. 비단은 투명해서 밑그림이 잘 보이기 때문에 이러한 밑그림을 자주 사용하지요.

반면 불투명한 종이에는 밑그림이 많이 남아 있지 않아요. 하지만 심사정의 여러 그림에는 목탄으로 밑그림을 그린 자국이 남아 있어요. 〈고성 삼일포〉에서 가운데 그려진 정자는 원래 지금 위치보다 왼쪽에 있었던 거랍니다. 자세히 살펴보면 흐릿하게 남은 스케치 자국을 찾을 수 있을 거예요. 곳곳의 산들도 이러한 수정 흔적이 있어서 종이에 목탄으로 먼저 밑그림을 그리고, 붓으로 다시 그려 마음에 들지 않는 곳을 바꾸었다는 것을 알 수 있어요.

진짜보다 더욱 진짜같은 상상 속 이야기

蜀棧圖卷
촉잔도권

- 종이에 엷게 채색했어요.
- 58×818센티미터 크기예요.
- 보물 제1986호로 지정되었어요.

〈촉으로 가는 사다리로 만든 길, 蜀棧圖卷(촉잔도권)〉은 현재 심사정이 세상을 떠나기 일 년 전, 온 힘을 다해 그린 우리나라에서 보기 힘든 대형 산수화예요. 그림 길이만 818센티미터에 이르지요. 간송 선생은 이미 너덜너덜해진 이 작품을 5,000원에 구입한 뒤 일본으로 보내 수리했는데, 그 비용으로 6,000원이 들었다고 해요.

보통 사람이라면 그림을 수리하는 데 그렇게 큰돈이 든다고 하면 포기하지 않았을까요? 하지만 간송 선생의 결정으로 우리는 심사정이 남긴 마지막 작품을 감상할 수 있게 되었어요.

촉으로 가는 길은 어려워
푸른 하늘 오르는 것보다 어렵네

〈촉으로 가는 사다리로 만든 길〉은 1768년 가을, 당시 62세였던 심사정이 조카인 심유진의 부탁을 받고 그린 그림이에요.

심사정은 명문 청송 심씨 집안에서 태어났어요. 심사정의 증조부 심지원은 영의정을 지낸 인물로 후손들도 크고 작은 벼슬에 올랐지요. 그런데 심사정의 할아버지 때문에 집안이 기울기 시작했어요. 심사정의 할아버지 심익창이 과거 시험에서 부정을 저지르면서 귀양을 가게 된 거예요. 더 큰일은 귀양에서 돌아온 이후 벌어집니다. 심익창이 영조 임금을 해하려는 일당의 배후로 지목된 거예요. 명문가에서 부러울 것 없이 자라던 심사정은 하루아침에 역적 집안의 자손이 되어 손가락질을 받게 되지요.

이때 심사정은 타고난 그림 솜씨로 점차 이름을 알리고 있었어요. 한번은 왕의 초상화를 그리는 데 참여할 수 있었지만 할아버지의 문제로 어렵게 찾아온 기회가 날아가 버렸지요. 이후로는 집 안에서 나오지 않고 그림만 그리며 살았다고 합니다.

심사정의 이러한 처지를 알고 있던 조카들이 그에게 그림을 부탁한 것은 아마도 남은 생을 편히 보내게 도움을 주려고 했던 듯해요. 그러한 마음을 알기에 심사정도 평생 쌓아 온 그림 실력을 모두 쏟아부었고, 마침내 촉(지금의 중국 사천성 지역)으로 가는 길이 열리게 되었답니다.

그럼 이제 아름답기로 유명한 촉으로 떠나 볼까요? 그림은 오른쪽에서 시작하는데 중반까지 험난한 길이 그려져 있고 중반 이후부터는 매우 평화로운 촉의 모습이 파노라마처럼 펼쳐집니다. 험난한 길도 곱게 단풍 든 가을의 모습으로 그려 놓아서 피난길에 오른 이의 고단함보다는 아름다운 풍경을 구경하는 마음이 느껴져요.

그림 속에 등장하는 사람들을 볼까요? 여정에 힘들어하는 모습이 아니에요. 높은 절벽을 도르래에 실려 내려오면 아늑한 작은 마을이 나타나고, 산중에 큰 탑이 있는 사찰도 보이지요. 물길 따라 거슬러 올라가면 큰 도시가 나타나기도 해요. 마차를 타기도 하고 나귀를 타기도 하고 혹은 두 발로 걷기도 하네요. 어느새 산세는 점차 나지막해지고 마침내 촉에 도착하게 됩니다.

심사정이 상상한 촉은 큰 강을 끼고 있는 도시였던 듯해요. 도시 앞에는 큰 강이 물결도 없이 잔잔히 흐르고 뒤로는

성벽처럼 큰 산이 둘러싸고 있어서 한 번 발을 디디면 다시는 나가고 싶지 않은 이상향처럼 그렸어요. 8미터가 넘는 대작이지만 간단하게 목탄으로 대강의 윤곽을 잡은 뒤에 거침없이 그려 냈어요. 수십 년 동안 그림을 그려 온 내공이 없었다면 불가능했을 일이지요. 아마도 그 어렵고 험난한 촉으로 가는 길이 심사정의 머릿속에 모두 들어 있었던 게 아닐까요?

그림에 도장이 유독 많은 이유는

우리가 '낙관'이라고 부르는 서화의 사인은 크게 글씨인 관지와 도장으로 나눌 수 있어요. 관지는 그림을 그린 뒤에 화가의 호나 성명, 그린 장소 및 이유 등을 적은 것을 말해요. 관지를 쓴 다음에 도장을 찍지요.

    조선 시대 화가들은 자신의 작품에 낙관을 즐겨 하지 않았어요. 18세기부터 낙관이 유행하기 시작했지만, 대체로 자신의 이름이나 호를 새긴 단순한 형태였지요. 겸재 정선처럼 많은 작품을 남긴 작가도 나이에 따라서 쓰는 도장을 파악할 수 있을 정도로 도장의 수가 적어요.

    그런데 심사정의 작품에는 유독 도장이 많이 찍혀 있어요.

그 가운데 사촌 형인 심사검의 인장과 비슷한 것이 많은 것으로 보아 심사검이 심사정을 위해 도장을 여럿 새겨 주었을 가능성이 높아요. 이 작품을 심사검의 아들에게 그려 준 것은 아마도 그 보답이 아니었을까요?

숨겨진 이야기

길고 큰 그림을 어떻게 보관했을까?

그림을 보호하기 위해 그림 주변을 꾸미는 것을 '표구(表具)'라고 말해요. 하지만 표구는 일본에서 온 표현으로, 우리 조상들은 원래 '장황(裝潢)'이라는 말을 사용했어요. 비단이나 두꺼운 종이를 발라서 책이나 화첩, 족자 등을 꾸며 만드는 것을 이르는 말이지요.

가장 대표적인 것이 '족자(簇子)'예요. 그림을 벽에 걸기 위해 만들었지요. 위아래로 긴 그림들은 대부분 족자로 만들었어요. 서양의 액자는 부피가 아주 크지만 족자는 둘둘 말아서 보관할 수 있기 때문에 매우 효율적이에요.

둘둘 말아서 보관하는 그림 가운데 가로로 마는 것을 '횡권(橫卷)'이라고 해요. 대체로 좌우로 긴 그림을 이렇게 보관하지요. 이처럼 매우 긴 그림들은 한 번에 모두 펼쳐 놓고 감상하는 것이 아니라 대체로 팔 너비보다 좁게 펼쳐서 한쪽은 말고, 한쪽은 펼치며 감상했어요.

작은 크기의 그림을 모아서 책으로 엮은 '화첩(畵帖)'도 많이 만들었어요. 앨범처럼 꾸며진 화첩에는 수십 점의 작품을 담을 수 있어서 매우 편리했어요.

이러한 장황의 형태는 일제 강점기에 일본의 '표구' 방식이 들어오면서 점차 잊혔어요. 하지만 최근에 전통적인 장황 연구를 진행하여 점차 우리의 모습을 되찾아 가고 있답니다.

구석구석
이야기가
담겨 있는
그림

端午風情
단오풍정

단오풍정

- 종이에 채색했어요.
- 28.3×35.6센티미터 크기예요.
- 국보 제135호로 지정되었어요.

　1936년경 간송 선생은 혜원 신윤복(1758~?)의 풍속화 30점이 담긴 화첩이 있다는 소식에 일본으로 갔어요. 당시에 이 《혜원전신첩》의 여러 그림은 담뱃갑 등 상품의 포장지에 인쇄되어 사용되었고, 신윤복의 그림체를 따라 그린 가짜 그림마저 떠돌아다니는 상황이었지요.

　간송 선생은 우리의 귀한 작품이 값싸게 이용되는 것이 안타까웠어요. 일본인 골동품상인 토미타 기사쿠라와의 흥정은 쉽지 않았지만, 간송 선생은 큰돈을 주고 《혜원전신첩》을 구입합니다. 이후 국보 제135호로 지정되어 지금까지도 조선 시대 생활상을 살펴볼 수 있는 매우 중요한 작품으로 남을 수 있었어요.

나는 사람들의 정신을 그린다

신윤복이 그린《혜원전신첩》은 총 30점의 그림으로 이루어져 있어요. 화첩의 이름은 신윤복이 직접 짓고 쓴 듯 활달한 필치로 '혜원전신(蕙園傳神)'이라는 네 글자가 표지에 붙어 있지요.

'전신(傳神)'이라는 말은 초상화에서 많이 사용되는데, 사람의 모습뿐만 아니라 정신까지 담아낸다는 의미예요. 그러므로 이 화첩의 제목은 '혜원이 사람들의 정신까지 담아낸 화첩'으로 뜻풀이할 수 있지요.

그림 속 주인공은 대부분 여인이에요. 특히 기생의 여러 모습이 담겨 있고, 주막에서 장사하거나, 냇가에서 빨래하거나, 산속 절로 참배하러 가는 등 다양한 여인들의 모습이 담겨 있어요. 크기는 작지만 그들의 행동과 더불어 표정까지 읽을 수 있어서 신윤복이 '정신까지 담아냈다'는 말이 과장이 아님을 알 수 있어요.

그림,《혜원전신첩》에서 가장 유명한〈단옷날의 풍경, 端午風情(단오풍정)〉을 먼저 볼까요?

다홍치마 입은 여인에게 눈길이 가네

초여름 녹음이 짙어지자 기생들이 그들만의 소풍을 나왔어요. 몇 명은 계곡물에 몸을 씻기도 하고, 몇 명은 그네를 타거나 그늘에 앉아 쉬고 있습니다. 바위 뒤쪽을 보세요. 동자승 둘이 이들을 훔쳐보고 있어요. 금방이라도 키득거리는 웃음소리가 들릴 것만 같아요. 소풍 나온 지 이미 한참 되었는지 흥을 더해 줄 술과 안주를 머리에 이고 오는 사람도 있네요.

그림 가운데 그네를 타고 있는 여인은 다홍치마에 노란색 저고리를 입고 있어서 자연스레 그쪽으로 눈길이 가요. 다른 여인들이 푸른색 치마를 입은 것과 대조되어 더욱 돋보입니다.

신윤복은 빨강, 노랑, 파랑의 산뜻한 원색을 즐겨 사용했는데, 이러한 채색은 시간이 지나도 변하지 않아 방금 그린 것같이 선명하지요. 많은 사람이 신윤복의 그림을 사랑하는 것은 200여 년이 지난 지금도 변치 않는 또렷한 채색에 있는지도 모릅니다. 색감이 어찌나 생생한지 간송미술관의 관람객 가운데 간혹 이 그림들이 원화인지 물어보는 분도 있답니다.

〈쌍검대무〉 | 종이에 채색 | 28.2 x 35.6센티미터

다채롭게 표현된 한복의 멋

《혜원전신첩》을 보면 우리 옷 한복이 얼마나 아름다운지 새삼 느낄 수 있어요. 특히 〈쌍검대무〉에서 두 명의 여인이 입고 있는 무복은 요즘 입어도 손색이 없을 정도이지요.

긴 멍석 위에서 두 명의 여인이 칼을 들고 춤을 추고 있어요. 이들이 입고 있는 옷은 춤을 출 때 입는 무복답게 초록색, 푸른색, 붉은색, 자주색 등으로 화려하게 만든 거예요.

신윤복은 두 명의 옷을 똑같이 그리면 재미없다고 생각했는지 치마의 색을 붉은색과 푸른색으로 다르게 칠했습니다. 두 여인은 검을 양손에 들고 회전하면서 춤을 추는데, 이 옷들이 회전하는 몸을 타고 돌면서 그리는 선이 속도감 있게 그려졌어요.

화면 앞쪽에 줄지어 앉은 악공들은 완전히 뒤돌아 있기도 하고 반쯤 고개만 돌리기도 했는데 잘 차려입은 한복의 앉은 맵시가 이토록 멋스럽다는 것을 느낄 수 있어요. 이들의 뒷모습과 자세, 옷매무새에 따라 무슨 악기를 연주하고 있는지 짐작할 수 있을 정도로 사실적으로 표현해 칼춤을 추고 있는 현장 속에 와 있는 느낌이 들 정도랍니다.

흠, 네가 진짜인지 표정을 보면 알 수 있지

신윤복의 그림은 유난히 가짜가 많아요. 사실 여러 가지 방법으로 신윤복 그림이 진짜인지, 가짜인지 가려낼 수 있겠지만 가장 쉬운 방법이 표정을 살피는 거예요. 그림에 나오는 사람들의 얼굴은 간단하게 몇 개의 점과 선으로 그려졌지만 그 표정은 하나같이 다르거든요.

〈단옷날의 풍경〉에서 그네 타는 여인은 두려워하는 기색 없이 당당하기만 해요. 반면에 그 뒤에서 가채를 목에 걸고 있는 여인은 무거운 가채를 내려서 기진맥진해 보이지요. 또한, 이들을 훔쳐보는 동자승들의 표정까지 놓치지 않았습니다. 검무를 지켜보는 젊은 선비가 지루해 귀를 후비는 모습은 놀라울 따름이에요.

손톱만 한 얼굴 안에 이렇게 다양한 표정을 담은 것을 보면 신윤복이 왜 이 화첩에 '정신까지 담아냈다'는 의미를 붙였는지 알 수 있을 듯해요. 그리고 이러한 특징은 아무나 흉내 낼 수 있는 것이 아니었어요. 그 때문에 신윤복이 그렸다고 하는 작품이 진짜인지, 가짜인지 가려낼 수 있는 길잡이가 되기도 했답니다.

쪽빛 모시치마 입은 아름다운 여인

美人圖

미인도

- 비단에 채색했어요.
- 114×45.5센티미터 크기예요.
- 보물 제1973호로 지정되었어요.

■ 신윤복. 자 입보, 호 혜원, 고령 신씨. 첨사 신한평의 아들, 화원. 벼슬은 첨사다. 풍속화를 잘 그렸다.

오세창의 《근역서화징》에 기록된 혜원 신윤복에 관한 내용이에요. 신윤복은 조선 시대 대표적인 화가로 널리 알려졌지만 출생 연도를 제외하면 몇 살까지 살았는지, 어디에서 그림을 그렸는지 기록이 남아 있지 않아요.

오세창의 《근역서화징》에서의 내용이 거의 유일한 기록이라 많은 부분이 베일에 싸여 있지요. 그래서인지 '신윤복은 여자다.' '여자 그림을 많이 그려서 관청에서 쫓겨났다.' 등 신윤복에 대한 잘못된 이야기도 전해지지요. 얼핏 그럴듯해 보이지만 모두 사실이 아니에요. 그렇다면 신윤복은 누구인지, 함께 추적해 볼까요?

〈미인도〉가 탄생할 수 있었던 이유

도화서는 조선 시대에 관직을 받은 화가들이 일하는 관청이에요. 여기에 속해 있던 화가들을 도화서 화원이라고 불렀지요. 왕의 초상화부터 지도까지 국가의 다양한 그림 그리는 일에 참여했던 예술가들이에요. 화원은 20~30명 정도였기 때문에 당시 그림을 제일 잘 그린 사람들이었어요. 도화서 화원이라면 정부 기록에 다양하게 이름이 올라 있어서 활동했던 시기를 알 수 있어요. 그런데 신윤복은 조선 시대 공공 기록문 어디에도 이름이 나타나지 않아요. 대신 신윤복의 아버지인 일재 신한평(1726~1809)은 1773년부터 1809년까지 무려 37년 이상 화원으로 활동했다는 기록이 남아 있지요.

 신윤복의 아버지 신한평은 초상화에 매우 뛰어난 화가였어요. 왕의 초상화를 세 번이나 그린 당시 최고의 화가였지요. 1773년에 영조 어진, 1781년, 1791년에 정조 어진을 그리는 데 참여했어요. 신윤복은 이렇게 그림 실력이 뛰어났던 신한평의 아들이었지요.

 조선 시대에는 가족 관계의 사람들이 같은 관청에서 일할 수 없는 '상피'라는 제도가 있었어요. 그래서 아버지 신한평이 화원으로 일하는 동안 신윤복은 화원으로 활동할 수 없었던

쪽빛 모시치마 입은 아름다운 여인

거예요. 이러한 이유로 신윤복은 50대까지 도화서 화원으로 일하는 대신 저잣거리를 떠돌며 자유롭게 작품 활동을 할 수 있었던 것으로 보여요. 그래서 《혜원전신첩》이나 이 〈미인도〉 같은 작품이 그려질 수 있었던 게 아닐까요?

19세기 여인들의 유행 스타일은?

신윤복의 〈미인도〉는 매우 독특한 그림이에요. 조선 시대에 드물던 여인의 초상화라는 점이나, 단정하게 앉은 모습이 아닌 노리개와 옷고름을 만지고 있는 모습은 당시 궁정에 속해 있던 화원들이 체면상 섣불리 그리지 못했던 부분이었어요. 또한, 바르게 서 있는 것이 아니라 편안한 자세를 취하고 있어요. 당시 이렇게 가까이서 그릴 수 있었던 대상은 기생뿐이었지요.

    이 그림을 그린 시기는 여름인 듯, 여인이 입은 치마는 쪽물 들인 하늘색 모시 치마예요. 군데군데 접히고 각진 듯한 치마의 주름은 시원하게 여름을 보낼 수 있는 모시 치마의 특징이지요. 저고리의 길이가 짧고 소매가 얇은 것은 19세기에 유행하던 스타일로, 이 여인이 유행에 매우 민감했다는 것도 알 수 있어요. 이러한 옷차림은 이미

《혜원전신첩》에 그려진 기생들과 동일한 옷차림이므로 이 여인이 기생이었음을 어렵지 않게 짐작할 수 있습니다.

동그란 얼굴에 가는 눈썹, 큰 눈, 작은 코와 입술, 귓불이 작은 귀. 조선 시대 전형적인 미인의 모습이 아니었을까요? 가만히 들여다보면 여인의 모습에서 우리 조상의 얼굴을 엿볼 수 있어요. 치마와 저고리 소맷단, 노리개의 술 등에는 비싼 안료인 석채(石彩)를 사용하기도 하고, 머리에 얹은 가채나 귀밑머리 등을 한 가닥 한 가닥 그려 넣었어요. 화가가 얼마나 정성스럽게 그렸는지 느낄 수 있어요. 신윤복은 어떤 마음으로 이 여인을 그렸을까요?

여인의 시선이 닿는 곳에 아름다운 필치로 적어 놓은 시는 신윤복의 속마음을 좀 더 자세히 말해 주고 있어요.

화가의 가슴속에 만 가지 봄기운 일어나니,
붓끝은 능히 만물의 초상화를 그려 낸다.

이 여인을 보면 신윤복의 마음에 봄 같은 따스한 마음이 생겨나고, 손에 쥔 붓끝은 자연스럽게 그 여인의 초상화를 그려 낸다고 하네요. 그래서 혹자는 이 미인을 두고 신윤복이 좋아했던 사람이 아니었을지 추측하기도 한답니다.

쪽빛 모시치마 입은 아름다운 여인

〈자애로운 어머니가 아이를 기른다, 慈母育兒(자모육아)〉 | 신한평 | 종이에 엷게 채색 | 23.5×31센티미터

신윤복의 가족사진

대부분의 사람들이 신윤복은 알지만, 그의 아버지 신한평에 대해서는 잘 알지 못해요. 앞서 말한 것처럼 신한평은 왕의 초상화를 여러 차례 그릴 정도로 유능한 화가였어요. 이러한 그림 실력이 신윤복으로 이어진 것은 어쩌면 당연할지도 모릅니다.

신한평이 그린 〈자애로운 어머니가 아이를 기른다〉는 신한평의 가족사진이라고 할 수 있어요.

이 그림에는 30, 40대의 여인이 젖먹이를 안고, 그 좌우에는 노리개를 가지고 앉아 노는 여자아이와 방금 일어난 듯 눈 비비는 남자아이가 서 있어요. 여인은 두 손으로 젖먹이를 보듬으며 기쁘게 웃고 있고, 젖먹이는 엄마의 한쪽 젖을 빨고 다른 젖꼭지는 손으로 잡아당기고 있지요. 아무리 화가라도 자신의 가족이 아니라면 이러한 그림은 그릴 수 없었을 거예요.

신윤복은 신한평의 큰아들이었으므로 눈 비비고 있는 아이가 신윤복일 거예요. 조선 시대 화가들의 얼굴은 남겨진 것이 없는데 이렇게 가족 그림과 신윤복의 어릴 적 모습이 담겨 있다는 것만으로도 매우 가치 있는 작품이에요.

우리 그림 속 콕 집어낸 순간

말 위에서 꾀꼬리 소리를 듣다

馬上聽鶯

마상청앵

- 종이에 옅게 채색했어요.
- 117.2×52센티미터 크기예요.
- 보물 제1970호로 지정되었어요.

■ 우리는 단원 김홍도(1745~1806)라고 하면 〈서당〉〈씨름〉 〈타작〉 등의 풍속화를 떠올립니다. 하지만 김홍도의 그림 가운데 풍속화는 다른 그림에 비해 몇 점 되지 않는답니다. 김홍도는 산수, 인물, 화조(꽃과 새), 사군자, 풍속, 불화 등 모든 소재의 그림에 뛰어난 조선 후기 천재 화가였지요. 또한, 시의 정취가 담긴 동양 회화를 가장 잘 표현한 화가이기도 했어요. 그의 그림들을 보면 마치 시 한 편을 읽은 듯 생각에 잠깁니다.

그림에서 꾀꼬리 울음소리가 들리는 듯해!

늦봄 말을 타고 길을 가던 선비는 버드나무 위에서 지저귀고 있는 꾀꼬리 소리에 이끌려 말을 세우고 그 소리에 귀를 기울입니다. 말고삐 잡고 가던 시동도 반가운 얼굴로 새소리가 어디서 들리는지 찾고 있어요. 미끈하게 자란 버드나무에는 두 마리의 노란 꾀꼬리가 위아래로 짝을 이루고 앉아 서로 노래를 주고받습니다. 바로 김홍도의 〈말 위에서 꾀꼬리 소리를 듣다, 馬上聽鶯(마상청앵)〉이라는 작품이에요. 마치 어디선가 꾀꼬리 소리가 들리는 것 같지 않나요?

그림 위쪽에 다음과 같은 시가 적혀 있어요.

아리따운 사람 꽃 아래서 천 가지 생황소리 내고,
시인의 술동이 앞에 황금귤 한 쌍 놓인 듯.
어지러운 금색 북(베 짜는 도구)이 버드나무 언덕 누비니,
아지랑이 비 섞어 봄 강을 짜낸다.
佳人花底簧千舌, 韻士樽前柑一雙.
歷亂金梭楊柳崖, 惹烟和雨織春江.

정조의 마음을 빼앗다

김홍도의 작품으로는 《단원풍속화첩》 속 〈씨름〉 〈무동〉 등이 유명하지요. 이 작품들은 A4 정도 크기의 화면에 배경 없이 인물들을 가득 채워 넣어 그렸어요. 서민들의 생활상을 소재로 그들의 땀 냄새가 짙게 배인 일상의 모습을 화폭에 담았지요.

行人花底簧竹吾韻士樽
前村了護居先走棱樯
楊崖老烟和雨纖春江
嘉靖深冬大把鈒道
人生文部神
權閑字

마상청앵

그의 작품 가운데 풍속화가 워낙 널리 알려졌기에 풍속화에서 보이는 활달하고 자유분방한 필치가 김홍도 그림의 특징이라고 생각하기 쉬워요. 하지만 김홍도는 모든 종류의 그림을 잘 그렸어요. 어려서부터 스승 강세황의 집에 다니며 그림을 배웠고, 강희언과 이인문 등 당대 화가들과 연을 맺으며 그림 실력을 키웠어요. 20대에 영조 어진을 그릴 정도였지요. 이때 세손이었던 정조와 처음 만났어요. 정조는 김홍도의 그림 솜씨에 반해 평생 자신의 곁에서 그림을 그리게 했어요.

시 속에 그림이 있고, 그림 속에 시가 있다.
詩中有畵, 畵中有詩.

이 말은 유명한 중국의 화가 왕유가 소동파의 그림을 보고 한 말이에요. 즉, 시는 그림에서 보여 준 풍경을 담고 있고, 그림은 시에서 말하고자 하는 내용을 담고 있다는 것이지요. 이는 시와 그림의 경지가 같다는 뜻이기도 하지요. 이후 문인화가 갖추어야 할 조건으로 이야기되었어요. 문인화는 직업 화가가 아닌 시나 서예와 함께 그림을 즐겼던 문인들의 작품을 뜻해요. 기술적으로 그림을 그리기보다 그림 속에 담긴 뜻에 더 가치를 두었지요.

　김홍도가 '단원(檀園)'이라는 호를 명나라에서 유명한 문인 화가 이유방의 호에서 따온 데서 알 수 있듯이 김홍도는 스스로를 문인 화가라고 생각했어요. 실제로 빼어난 시인이기도 했지요. 이러한 문학적 감수성이 천재적인 그림 실력에 더해지면서 김홍도만의 아름다운 작품이 탄생한 거예요.

그림 속에서 단원 김홍도를 찾아라!

김홍도의 〈달빛 아래 생황 불다, 月下吹笙(월하취생)〉에는 편하게 옷을 입은 청년이 넓찍한 파초 잎을 깔고 앉아서 생황을 부는 모습이 그려져 있어요. 그 주위로는 큰 술병과 종이, 먹과 벼루, 붓이 있는 것으로 보아 생황 불고 있는 청년이 김홍도임을 짐작할 수 있지요.

　실제로 김홍도는 풍채가 아름답고 생황 연주를 매우 잘해서 마치 신선 같았다고 전해져요. 이러한 외모에 악기 연주를 잘하고 그림까지 잘 그리면 정말 신선처럼 보이지 않았을까요?

〈달빛 아래 생황 불다, 月下吹笙(월하취생)〉 | 종이에 엷게 채색 | 23.2×27.8센티미터

소나무는 내가
이인문

호랑이는 내가
김홍도

〈나무 아래 용맹한 호랑이, 松下猛虎(송하맹호)〉
비단에 엷게 채색 | 90.4×43.8센티미터 | 리움미술관 소장

동갑내기의 우정, 그림으로 남았네!

이인문은 김홍도의 동갑내기 친구이자 화가였어요. 두 사람의 그림을 보면 김홍도는 그림을 성글게 그려서 여유롭고, 이인문은 세밀하고 섬세하게 그리는 특징이 있어요. 그래서 이 둘의 그림이 서로 안 어울릴 것 같지만 놀랍게도 함께 그린 작품이 전해지고 있습니다.

리움미술관에서 소장하고 있는 〈나무 아래 용맹한 호랑이〉가 그 작품이랍니다. 이 그림 위쪽에 "표암이 소나무를 그리다, 豹菴畵松(표암화송)"이라고 적혀 있어 소나무를 김홍도의 스승인 강세황이 그린 것으로 알려지기도 했어요. 최근 '표암'이라는 글자를 후대 사람이 나중에 써 넣은 것임이 밝혀졌지요. 그림 솜씨로 보아 김홍도의 절친이었던 이인문이 함께 그린 것으로 보고 있어요.

재미난 것은 소탈한 성격의 김홍도가 호랑이의 털 수만 개를 일일이 그렸고, 섬세한 이인문은 커다란 소나무 둥치를 과감하게 그려 냈다는 거예요.

스승과 제자가 함께 그렸다고 해도 아름답고, 친구와 함께 그린 그림이라고 해도 아름다운 작품이에요.

사진으로도
흉내 낼 수
없는
세밀함

黄猫弄蝶

황묘농접

종이에 옅게 채색했어요.
46.1×30.1센티미터 크기예요.

■   김홍도가 그린 〈노란 고양이가 나비를 놀리다, 黃猫弄蝶(황묘농접)〉은 도장이 없었더라면 그의 작품이라고 믿기지 않을 정도로 낯설게 느껴져요. 털 한 오라기도 놓치지 않고 묘사한 사실적인 기법이 돋보이지요. 풍속화에서는 볼 수 없었던 이러한 세밀한 묘사는 김홍도가 장르를 가리지 않는 최고의 화원이었음을 다시 한번 떠올리게 합니다.

털 하나하나에 마음을 담아

노란 고양이가 매우 궁금한 듯이 고개를 뒤로 돌려 무언가를 쳐다보고 있어요. 삐죽 내민 입은 굼실거리는 듯합니다. 시선을 따라가 보면 살아 있는 듯 생생한 나비가 하늘을 날고 있습니다. 왼쪽에는 돌들이 있고 그 주변에 패랭이꽃이 피어 있습니다. 노란 고양이, 검푸른 나비, 붉은 패랭이꽃과 부드럽게 깔린 연둣빛 풀들은 부드럽고 사랑스러운 느낌을 주네요.

마치 노란 고양이가 나비를 향해 뛰어오를 듯 그림에서 생동감이 넘치는 이유는 김홍도가 고양이의 털 하나하나에 마음을 담아 그렸기 때문이에요. 턱 아래와 배의 흰 털, 등에 난 붉은색 도는 노란 털 등 보이는 대로 놓치지 않고 그렸지요.

나비도 매우 세밀하게 그려져 있어서 긴꼬리제비나비를 그림에 붙인 듯 사실적이에요. 자세히 살펴보면 나비의 색은 먹의 농담만을 사용해 그린 것을 알 수 있어요. 작은 바위 곁에서 아름다운 꽃을 피운 패랭이꽃은 매우 가는 선으로 윤곽을 그리고 밝은 녹색으로 색을 입혔어요. 꽃잎은 짙은 붉은색과 분홍색이 함께 피었는데 바람에 뒤집힌 것인지, 자연스럽게 잎이 말린 것인지 꽃잎 곳곳이 뒤집어져 있어요. 이토록 세밀하게 그린 이유가 있을까요?

북경에서 서양화를 배우다

어려서부터 스승 강세황에게 그림을 배운 김홍도는 21세에 이미 도화서 화원이었어요. 정조의 전속 화원으로 일하던

김홍도는 청나라 사신 행차의 일원으로 북경에 갈 기회를
얻었어요. 그곳에서 천주교 성당의 그림을 보지요. 다시
조선으로 돌아온 그는 서양화에서 본 화법을 실험해 봅니다.
이 표현 기법은 용주사의 불화를 그리는 데 사용되기도 하고,
자신의 여러 그림에도 나타납니다. 그 가운데 사실적인 그림
기법이 많이 쓰인 작품이 〈노란 고양이가 나비를
놀리다〉예요.

물론 고양이 털을 하나하나 그리는 것은 우리 초상화
기법에도 나타나요. 이인문과 함께 그린 〈나무 아래 용맹한
호랑이〉와 같은 그림에서도 볼 수 있지요.

누구를 위해 그린 그림일까?

'김홍도는 이 그림을 몇 살 때쯤 그렸을까?' 하는 궁금증이
생겨요. 그림이 언제 그려졌는지 단서를 찾아볼까요? 그림의
오른쪽을 보면 김홍도가 쓴 글이 보여요. '관직은 현감. 스스로
단원이라 부르며, 한편 취화사라고 부르기도 했다.'라고 쓰여
있고, '홍도(弘道)', '사능(士能)'이라는 두 개의 도장이 찍혀
있네요. 하지만 이 내용은 그림과는 전혀 어울리지 않아요.
노란 고양이가 나비를 보며 즐거워하고, 패랭이꽃과 제비꽃이

한창인 봄날의 풍경과는 전혀 상관없는 내용이지요.

그렇다면 그림의 소재에 담긴 의미를 찾아볼까요? 이 작품에 등장하는 고양이나 패랭이꽃, 바위 등은 모두 '장수'를 상징하는 것으로 다른 사람이 오래 살기를 바라는 마음을 담을 때 많이 그리는 소재예요.

고양이는 한자로 '묘(猫)'라고 하는데 일흔 살 노인을 뜻하는 '모(耄)' 자와 발음이 비슷해요. 그래서 고양이를 그리면 일흔 살 노인을 그린 것으로 여겼지요. 그렇다면 고양이가 바라보고 있는 나비는 무엇을 의미할까요? 나비는 비슷한 이유로 여든 살 노인을 뜻해요. '나비 접(蝶)' 자와 여든 살 노인을 뜻하는 '질(耋)' 자는 중국말로 똑같이 발음하거든요. 고양이가 나비를 바라보고 있는 것은 다시 말해 일흔 살 노인이 여든이 될 때까지 오래 살기를 바란다는 뜻이 되는 거예요.

김홍도가 현감을 지내는 것은 48세가 되어서예요. 따라서 이 그림은 그 이후에 그린 작품일 거예요. 그림에 자신의 관직과 호를 적어 놓은 것으로 보아 김홍도 자신의 생일을 기리기 위해 직접 그린 것이 아닐까 짐작해 볼 수 있어요.

까맣게 변하는 건 마법이 아니에요

〈노란 고양이가 나비를 놀리다〉의 패랭이꽃 꽃잎의 흰색이나 고양이의 흰 털들은 거뭇거뭇하게 변해 있어요. 원래는 아주 하얗고 아름다운 색이었지요. 그러나 시간이 지나면서 거뭇하게 변한 거예요. 이 그림에 쓰인 흰색 안료를 '연백(鉛白)'이라고 해요. 납(Pb)을 사용해서 만드는 안료로 독성이 강해서 지금은 사용이 금지된 재료지요. 그러나 조선 시대까지 연백은 흰색을 표현할 때 많이 쓰였어요. 특히 초상화에 많이 사용되었지요.

숙종 임금의 초상화에도 연백을 사용해 나중에 그림의 색이 변했어요. 얼굴에 조그마한 반점이 나타나 점차 커지자 결국 초상화를 새로 그리게 되었지요.

연백이라는 안료를 쓰면 왜 검게 변하는 걸까요? 황화수소(H_2S) 때문이라고 해요. 혹시라도 검게 변한 초상화를 보면 본래 얼굴빛이 아니라 '안료가 검게 변한 것이구나.'라고 생각하고 그림을 감상해 보세요.

獨超群
氣質雖
殊五德
存聞道
聲來修竹
業擬同
蕎麥策
齊勳

초상화의
대가가
그린 닭과
병아리

雌雄將雛

자웅장추

- 종이에 채색했어요.
- 30×46센티미터 크기예요.

　　우리는 휴대 전화나 카메라 등으로 다양하게 사진을 찍어요. 그렇다면 '사진(寫眞)'이란 어떤 의미일까요? '사진'에는 '진짜 모습을 그린다.'는 뜻이 담겨 있어요. 그래서 초상화를 '사진'이라고 부르기도 했지요. 조선 시대에는 초상화를 그릴 때 인물의 겉모습뿐만 아니라 그 사람의 성품도 담아내야 한다고 생각했어요. 화재 변상벽(1726경~1775)은 우리나라 최고의 초상화가이자 동물 그림의 대가로, 초상화를 그리는 데는 따라올 사람이 없었다고 하지요.

나를 '변닭', '변고양이'라고 불러요

변상벽은 도화서 출신 화가로, 어진을 여러 차례 그렸어요. 사대부들 사이에서도 초상화의 대가로 이름이 오르내리곤 했지요. 당시 대학자인 윤봉구는 '이 초상화가 있으니 사람이 죽어도 여전히 남아 있는 듯하다.'라고 말할 정도였어요.
다산 정약용은 변상벽의 〈어미 닭이 새끼를 거느리는 그림, 母鷄領子圖(모계영자도)〉를 보고 이런 시를 남겼어요.

이 그림 막 그렸을 때 수탉이 보고 잘못 떠들어 댔다 하네. 또한, 그가 그린 고양이 그림도 뭇 쥐들을 겁먹게 할 만하여라.

이렇듯 변상벽의 그림은 겉모습뿐만 아니라 마음까지 담아냈어요. 특히 닭과 고양이를 잘 그려서 '변닭', '변고양이'라는 별명까지 얻었어요. 동물을 그릴 때도 초상화를 그리듯 세밀하고 사실적으로 그려 내 그의 그림을 보면 동물들의 속마음까지 들리는 듯하지요.
아쉽게도 이름이 알려진 것에 비해 변상벽의 동물 그림은 보기 드문 편이랍니다.

기특한 어미 닭을 위한 초상화

〈병아리를 데리고 있는 암탉과 수탉, 雌雄將雛(자웅장추)〉는

자웅장추

변상벽의 대표작으로 꼽히는 작품이에요.

화면에는 짙푸르다 못해 검은색에 가까운 깃털을 뽐내는 수탉과 흰빛, 짙은 갈색의 암탉이 그려져 있지요. 갈색 암탉은 입에 벌레를 한 마리 물고 있고, 병아리 일곱 마리가 어미의 부리 끝을 바라보고 있어요.

먹을 것에 관심이 없는 한 마리는 정면을 바라보며, 암탉과 병아리를 지키려는 용맹스러운 수탉을 신기한 듯 쳐다보고 있지요. 또 그림의 왼쪽 구석에는 이 모든 일이 귀찮고 단지 낮잠에 취한 병아리가 한 마리 그려져 있습니다.

모두 초상화를 그리듯이 깃털 하나하나 정성껏 그려서 병아리 털의 보드라운 감촉까지 느껴질 듯해요. 변상벽의 그림이 오랜 시간 명품으로 자리매김한 것은 이러한 정성과 장인 정신에서 비롯된 것이겠지요?

여기서 정약용이 변상벽의 그림을 보고 남긴 시를 한 편 더 볼까요?

한 톨 얻으면 먹는 체하고, 애써 주림 참아 새끼 먹이고.
놀라 허둥지둥 살피니, 올빼미 그림자 숲 끝을 지나는구나.
아, 새끼 사랑하는 그 성질이여, 하늘이 준 건데 누가
능히 뺏으랴.

그림에서 어미 닭이 병아리들의 배고픔과 안전을 챙기는 마음을 느낄 수 있기에 이런 시가 쓰인 것이 아닐까요? 〈병아리를 데리고 있는 암탉과 수탉〉은 하늘로부터 이러한 성정을 받은 기특한 어미 닭들을 위한 초상화예요.

수천 번의 붓질로 탄생한 고양이

변상벽의 또 다른 별명은 '변고양이'였어요. 닭 그림뿐만 아니라 고양이 그림으로도 유명했지요. 대표적인 작품이 바로 〈국화 핀 뜰 안에 가을 고양이, 菊庭秋猫(국정추묘)〉예요.

　국화꽃 핀 가을, 마당에 앉은 고양이를 그린 매우 사랑스러운 작품이지요. 고양이는 웅크리고 앉아 꼬리로 몸을 둘렀는데 꼬리 끝이 살랑거리는 것으로 보아 기분이 좋은 듯해요. 눈은 가을 햇볕이 밝아서인지 동공이 길고 가늘게 표현되어 있어요.

　온몸의 털들은 아주 작고 가늘게 수천 번 붓질해서 그렸어요. 턱과 가슴 부분이 흰 바탕에 거뭇한 것은 흰색 안료인 연백을 사용했다가 색이 변한 것이지요. 털들을 하나하나 그리고 고급 안료인 연백을 사용한 것은 고양이

〈국화 핀 뜰 안에 가을 고양이, 菊庭秋猫(국정추묘)〉 | 종이에 채색 | 29.5×22.5센티미터

또한 초상화를 그리듯 그려 냈기 때문일 거예요. 고양이 몸 주위로는 연둣빛을 아주 살짝 입혀서 고양이가 입체적으로 보이게 했어요.

   그의 작품에서 닭과 고양이는 단순한 그림의 소재가 아니에요. 옛말에 그림 가운데 귀신이 가장 그리기 쉽고, 그다음 동물이 어렵고, 그다음 사람이 어렵다는 이야기가 전해져요. 변상벽은 닭과 고양이에게 생명을 불어넣어 주고, 다시 사람들의 초상화를 최고의 경지에 올려놓았던 화가예요.

조선의 마지막 환관이 간직한 작품

〈병아리를 데리고 있는 암탉과 수탉〉 그림 왼쪽 아래에는 '이병직 가문에서 보배롭게 간직하다(李秉直家珍藏)'라는 인장이 찍혀 있어요. 이렇게 소장자의 정보를 알려 주는 인장을 '소장인'이라고 해요. 즉, 이 작품은 간송 선생이 경매로 구입하기 전에 이병직(1896~1973)의 소장품이었어요.

이병직은 조선의 마지막 환관으로 유명해요. 작품을 보는 안목이 높아서 소장하고 있는 작품이 매우 좋았다고 전해지요. 그래서 1937년에 경성미술구락부에서 열린 '이병직 소장품 경매'는 여느 때와는 다르게 아주 치열했어요. 간송 선생은 이 경매에서 〈병아리를 데리고 있는 암탉과 수탉〉을 비롯해 추사 김정희의 〈대팽두부대련〉과 청나라 옹방강이 김정희의 생일에 그려 보내 준 〈구양수 초상〉〈백자청화동자조어문병〉 등 국보급 유물을 소장하게 되었어요.

그림을 볼 때 이러한 도장들이 가지고 있는 의미도 함께 읽으면 더욱 많은 정보를 알아낼 수 있답니다.

한 편의
이야기를
듣는
듯해!

野猫盗雛

야묘도추

야묘도추

- 종이에 옅게 채색했어요.
- 22.4×27센티미터 크기예요.
- 보물 제1987호로 지정되었어요.

■ 흔히 단원 김홍도, 혜원 신윤복, 긍재 김득신(1754~1822)을 조선 시대 3대 풍속 화가로 꼽지요. 김홍도와 신윤복은 우리에게 친숙하지만, 혹시 김득신의 이름을 들어 보았나요? 김득신은 두 화가만큼 알려지지 않았지만 이야기가 가득 담긴 풍속화를 여럿 남겼어요. 《긍재풍속화첩》은 김득신의 명품들만 모아 놓은 화첩이에요. 그 대표작을 살펴볼까요?

저기 저 고양이를 잡아라!

마당에 심어 놓은 살구나무가 봄기운 머금고 꽃망울을 막 터트리려는 봄날 오후, 남자는 마루에서 멍석을 짜고, 부인은 옆에서 돕고 있어요. 마당에는 암탉이 병아리들을 우르르 데리고 나왔지요. 멍석 짜는 실 바퀴 소리와 마당에서 모이

쪼는 소리만 들리는 봄날의 평화를 까만 들고양이 한 마리가 깨뜨립니다.

　들고양이가 병아리 한 마리를 입으로 단단히 낚아챕니다. 멍석을 짜던 남자는 곰방대를 휘두르다 멍석 틀을 넘어뜨리지요. 들고양이는 그런 남자를 놀리기라도 하듯이 고개를 돌려 쳐다보고 있어요. 곰방대 휘두르는 남편을 잡으려고 부인은 놀라 뛰어오고, 새끼 잃은 어미 닭은 푸드덕거리며 들고양이를 쫓아요. 남은 병아리들은 놀라서 저마다 달아나느라 정신없습니다. 이 작품의 제목은 〈들고양이 병아리를 훔치다, 野猫盜雛(야묘도추)〉예요.

　화가는 들고양이에게 병아리를 도둑맞는 긴박한 상황을 영화 속 한 장면처럼 익살스럽게 그려 냈지요. 김득신에게 '풍속화의 대가'라는 이름을 붙여 준 재미있는 그림입니다.

개성 김씨 가문에 화원이 또 나왔네!

김득신은 조선 후기 화원 명문가인 개성 김씨 집안에서 태어났어요. 큰아버지 김응환(1742~1789)은 김홍도와 친분이 깊을 뿐만 아니라 당시 최고의 화가로 인정받던 사람이었어요. 안타깝게도 정조의 명을 받고 김홍도와 함께 일본 대마도에 지도를 그리러 가다 세상을 떠났지요. 김홍도가 직접 그의 장례를 치러 주었다고 해요.

큰아버지 김응환이 세상을 떠난 뒤, 김득신과 그 동생인 김석신(1758~?)이 개성 김씨 가문을 이끌었어요. 김득신의 아들 김하종과 김건종도 대를 이어 화원이 되지요. 이렇게 화원을 많이 배출한 집안이 또 있을까요? 그 가운데 김득신의 위치는 독보적이었어요. 특히, 김득신은 김홍도의 풍속화와는 다른 자신만의 화풍을 선보이지요. 김홍도는 산수에 어울리는 시의 정취가 넘치는 그림을 그렸어요. 반면 김득신의 그림은 인물들의 표정이나 동작이 하나의 짜임새 있는 구성을 가지고 있어 마치 재미있는 이야기를 한 편 보는 듯해요.

몰래 엿보는 마음, 조마조마해!

《긍재풍속화첩》에는 〈몰래 투전을 즐기다, 密戱鬪牋(밀희투전)〉이 수록되어 있어요. 소리가 새어 나갈까 창문에 두꺼운 막을 달아 놓고 네 사람이 투전하는 모습이 담겨 있지요. 투전은 패를 많이 가지면 이기는 놀이로 노름의 일종이에요. 뒤쪽에 얼굴이 불그스레한 사람은 아마도 이미 돈을 많이 딴 뒤 한가로이 술을 마시는 것으로 보여요.

한 편의 이야기를 듣는 듯해!

〈몰래 투전을 즐기다, 密戱鬪牋(밀희투전)〉 | 김득신 | 종이에 옅게 채색 | 27×22.3센티미터

그 앞에 수염 긴 사람은 안경을 쓰고 있는데, 요즘처럼 안경다리가 아닌 실로 귀에 걸고 위쪽은 망건에 연결해 놓은 것을 볼 수 있지요. 이 사람은 불안한 듯 패를 들고 있는 것으로 보아 성적이 좋지 않은 것이 분명해요.

나머지 수염이 적게 난 두 사람은 심각한 얼굴로 자신의 패와 안경 쓴 사람이 내밀고 있는 패에서 눈을 떼지 못하고 있습니다. 사람들 옆에는 침 뱉는 그릇인 타구가 있고, 요강까지 있는 걸 보니 투전 시간이 길어질 것 같네요.

김득신은 이렇게 일상을 소재로 한 그림을 그렸어요. 그의 그림은 〈들고양이 병아리를 훔치다〉처럼 웃음을 자아내기도 하고, 〈몰래 투전을 즐기다〉처럼 조마조마한 마음에 숨죽이고 바라보게 되어요. 그는 그림을 보는 사람들의 마음을 훔치는 능력을 지닌 화가였어요.

〈대장간〉 | 김홍도 | 종이에 엷게 채색 | 39.7×26.7센티미터

〈대장장이의 쇠메질, 冶匠鍛鍊(야장단련)〉 | 김득신 | 종이에 엷게 채색 | 22.4×26.7센티미터

숨겨진 이야기

같은 장소, 같은 사람들인데 달라 보이네

김득신은 김홍도의 영향을 많이 받았어요. 그래서인지 김홍도와 비슷한 그림이 많아요. 그 가운데 신기하게도 김홍도의 그림과 같은 소재를 다룬 작품이 있어요. 바로 '대장간'을 그린 두 작품이지요. 대장간에서 풀무질하는 아이 한 명과 달궈진 철물을 집게로 집어 모루에 올려놓은 사람, 이를 망치로 두드리는 두 명, 모두 네 사람이 한 조가 되어 쇠를 단련하는 모습이 김득신의 〈대장장이의 쇠메질〉과 김홍도의 〈대장간〉에 동일하게 그려져 있어요. 하지만 소재가 같을 뿐, 그림의 분위기가 사뭇 달라요. 김득신의 그림을 보면 고되고 뜨거운 일에 살이 벌겋게 익은 듯한 모습, 그림을 그리는 화가에게 보라는 듯 말을 거는 표정 등 김홍도의 그림보다 훨씬 더 생기가 넘칩니다. 김득신이 김홍도의 영향을 받은 것에 더해 자신만의 색채를 담아냈음을 알 수 있어요.

마음껏
뛰노는
말들처럼
살았던
천재 화가

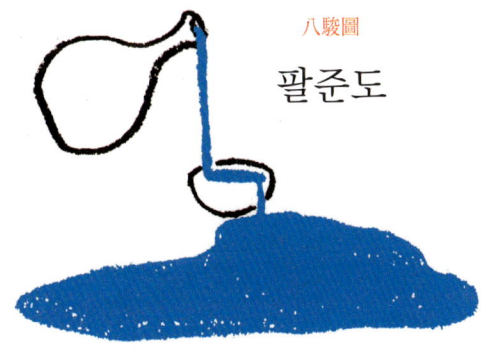

八駿圖
팔준도

마음껏 뛰노는 말들처럼 살았던 천재 화가

종이에 엷게 채색했어요.
38×159.5센티미터 크기예요.

■ 오원 장승업(1843~1897)은 조선 말기를 대표하는 화가예요. 가장 늦은 시기에 활동했지만 오히려 그에 관한 자세한 행적은 이전 시대를 살다 간 이들보다 알려지지 않았지요.

다만 어려서 부모를 잃고 떠돌아다니다 문인 이응헌의 집에 머물며 어깨너머로 그림을 배웠다고 전해지고 있어요. 이응헌은 김정희가 〈세한도〉를 그려 준 이상적의 사위로, 그림을 좋아해 집에 중국의 훌륭한 그림이 여러 점 있었어요. 어느 날, 장승업이 중국 그림을 보고 그려 낸 작품에 감탄한 이응헌은 그 뒤로 장승업이 그림을 그릴 수 있도록 지원했어요.

장승업이 살았던 시대는 조선이 급변하는 국제 정세에 제대로 대응하지 못해 쇠약해져 가던 무렵이었어요. 외래 문물이 마구 쏟아져 들어오는 시기이기도 했지요. 이렇게

혼란한 때였기에 장승업은 자신의 화풍을 개척하기보다 주로
왕실과 고관대작의 청을 받아 그림을 그렸어요.

하지만 장승업의 작품을 보면 그림이 어디에 쓰일지에
따라서 장인에 가까울 정도로 그림의 완성도가 뛰어나다는
것을 알 수 있어요. 〈세 사람이 나이를 묻다,
三人問年(삼인문년)〉은 이러한 장승업 그림의 특징을 잘 보여
주는 작품이에요.

세 노인의 허풍은 어디까지일까

장승업은 중국의 옛이야기에서 그림 소재를 많이 찾았다고
해요. '삼인문년'이란 '세 사람이 나이를 묻다'라는 뜻으로,
서로 나이 자랑을 하는 세 사람을 그리고 있어요. 이 이야기는
송나라 문인 소식이 지은 《동파지림》 속 〈삼로문년〉이라는
글에서 찾아볼 수 있지요.

> 한 노인이 '내 나이는 얼마나 먹었는지 알지도 못한다.
> 단지 내가 어렸을 적에 천지를 만든 반고 씨와 친하게
> 지냈던 생각이 난다.'고 하자 또 한 노인이 말해요.
> '나는 바다가 뽕밭으로 변할 때마다 숫자 세는 산가지를

〈세 사람이 나이를 묻다, 三人問年(삼인문년)〉 | 비단에 채색 | 152×69센티미터

하나씩 놓았는데 벌써 집을 가득 채웠다.'
다시 다른 노인이 말하지요. '내가 신선들이 먹는
복숭아를 먹고 그 씨를 곤륜산 아래 버렸는데 그 씨가
쌓여 곤륜산과 높이가 같다.'

복잡한 이야기가 그림 속에 잘 녹아 있어요. 아주 섬세한 선으로 나이 자랑에 빠진 인물들과 배경을 그렸지요. 세 노인의 옷 색을 다르게 칠하여 서로 구별되고, 반복되지 않게 했어요.

신선, 상전벽해, 복숭아나무 등 모두 장수를 상징하는 소재이지요. 아마도 누군가 오래 살기를 기원하기 위한 선물로, 그림을 부탁한 것으로 보여요.

이야기에는 없지만 오른쪽 복숭아나무 아래를 보면 동방삭도 찾아볼 수 있어요. 동방삭은 한 번 먹으면 1천 갑자를 산다는 복숭아를 세 번이나 훔쳐 먹어 3천 갑자를 살았다는 신선이지요. 이야기에 없는 동방삭까지 함께 그려 오래오래 살게 해 달라는 염원을 더했어요.

장승업은 다른 사람의 그림을 똑같이 그리는 것으로도 유명했어요. 하지만 같은 작품이 보이지 않기 때문에 〈세 사람이 나이를 묻다〉는 장승업이 창작한 작품으로 보여요.

커다란 비단에 섬세한 필치로 정성 들여 그린 것으로 보아 고종이나 최고의 후원자를 위해 그린 작품일 거예요.

임금의 명령에도 궁을 탈출하다

장승업은 사대부들에게 큰 사랑을 받았어요. 김정희의 제자인 오경석의 동생 오경연과 조선이 일본과 을사조약을 체결하고 외교권을 빼앗기자 생을 버린 조선 말기 문신 민영환도 그의 그림을 아껴 그가 계속 그림을 그릴 수 있도록 도왔지요.

고종 임금도 장승업의 그림 솜씨를 무척 아꼈어요. 그래서 장승업을 궁궐로 불러 병풍을 여러 점 그리게 했지요. 그러나 워낙 자유분방한 삶을 살던 장승업은 답답함을 이기지 못하고 여러 차례 궁을 탈출했어요.

이에 크게 화가 난 고종이 장승업을 벌하려 했지만 민영환이 나서서 장승업을 자신의 집에 두고 병풍을 그리게 했다고 해요. 그래서 장승업의 그림은 민영환이 소장한 작품이 가장 명품이라고 하는 말이 전해졌어요. 《팔준도》는

팔준도

그 가운데 가장 뛰어난 작품이에요. 1937년 민영환 소장품이 경매로 나왔을 때 간송 선생이 당시 돈으로 700원을 주고 구입했지요.

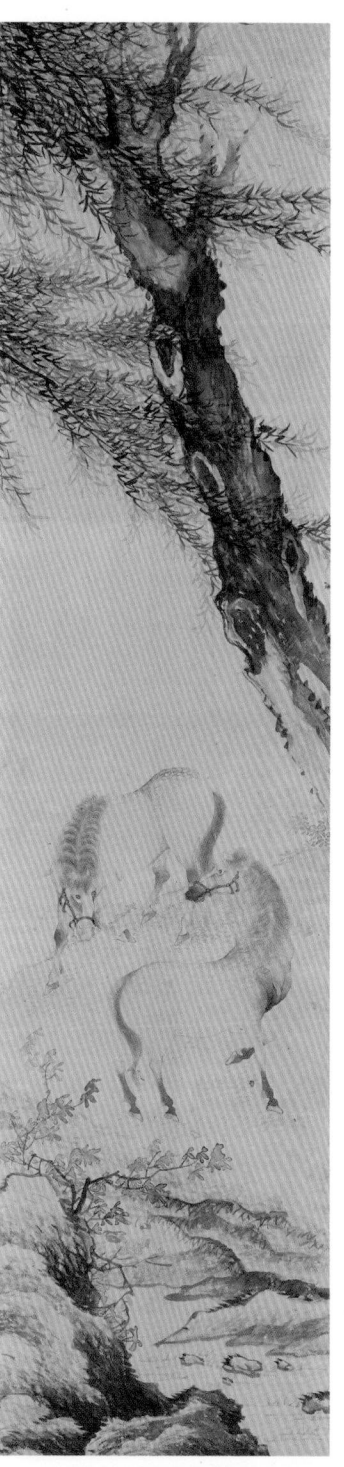

마음껏 뛰노는 자유로운 말들처럼

《팔준도》는 여덟 마리의 아름다운 말을 한 폭에 두 마리씩 그려 총 4폭으로 구성한 작품이에요. 그림을 그리기 힘든 세로로 긴 화면에 나무와 바위 등을 크게 그리고 말들을 그 안에 뛰놀게 했어요. 이러한 구도는 마치 우리와 다른 세계에 사는 말들을 멀리서 관찰하는 듯한 느낌이 들게 합니다.

   말들을 그릴 때는 말들의 동작을 순간적으로 포착해 그려야 하기 때문에 붓이 빨라야 해요. 모두 다른 동작의 말들은 화면 밖으로 튀어나올 듯 생동감이 넘칩니다. 배경에는 바위나 나무들이 시원하고 아름답게 그려져 있어서 안정된 구도로 만들어 주어요. 구도나 기법 등에서 모두 뛰어난 명작이라고 할 수 있지요. 장승업은 왜 말들을 그렸을까요? 혹시 지루한 궁궐에서 빠져나와 자유롭게 떠돌고 싶은 마음을 병풍 속 말들을 통해 표현하려던 게 아닐까요?

조선의 마지막 천재 화가

도화서 기록을 살펴보면 장승업은 경복궁, 안동별궁 등의

단청을 그리는 데도 참여하고 1890년대까지 도화서 화원으로 활동했다고 나와요. 또 청계천 광통교 근처에 육교화방이라는 화실 겸 교육 기관을 세우고 여러 제자를 가르치기도 했답니다. 자유분방하고 기이한 삶을 살았다는 지금까지의 평과는 조금 다른 모습이지요? 어쩌면 장승업은 하늘에서 준 재능을 타고났지만 시대를 잘못 만난 불운한 천재인지도 모릅니다. 그러기에 기이한 행동만 확대되어 전해져 온 것은 아닐까요? 작품으로 드러나는 장승업은 누구보다 성실하고 장인 정신이 투철한 화가니까요.

맺는 글

1950년대 간송 전형필의 모습

간송 선생의 꿈이 이어지고 있는 곳, 간송미술관

간송 선생이 안타깝게 세상을 떠난 뒤, 보화각은 간송미술관으로 이름을 바꾸고 그동안 간직해 왔던 보물들을 세상 사람들에게 공개했어요. 1971년 가을부터 한 해 두 번 전시가 개최되었고, 전시마다 《간송문화》라는 연구서도 출간되었어요. 작품을 체계적으로 연구하고 그 의미를 세상에 알리는 일. 그건 간송 전형필 선생이 그토록 바라던 일이었지요.

   일 년에 두 번 열리는 전시를 보기 위해 서울 성북동 간송미술관에는 길게 줄이 늘어섰지요. 긴 기다림 끝에 빛나는 보물을 간직한 집에 들어선 사람들은 우리보다 한발 앞서 살아간 이들이 언제 웃고 울었는지, 어떤 꿈을 꾸었는지 생생하게 느낄 수 있었어요.

   간송미술관은 현재 복원 공사를 진행하면서 다시 관람객을 맞이할 준비를 하고 있어요. 빛나는 보물을 간직한 집, 간송 선생의 꿈은 그곳에서 앞으로도 꾸준히 이어질 거예요.

그림 목록

간송미술관
4쪽 간송 전형필의 일본 유학 시절 사진
14, 19쪽 금동계미명삼존불입상
24, 30쪽 청자상감운학문매병
34쪽 청자상감연지원앙문정병
38쪽 청자기린뉴개향로
41쪽 청자오리형연적
42쪽 청자모자원숭이형연적
46쪽 백자청화철채동채초충난국문병
54쪽 훈민정음
66쪽 고죽
68쪽 통죽
76쪽 풍죽
80, 84쪽 해악전신첩
86쪽 금강내산
92쪽 경교명승첩
102쪽 장안연우
106쪽 적설만산
114쪽 명선
120쪽 삼일포
125쪽 와룡암소집도
130쪽 촉잔도권
142쪽 단오풍정
148쪽 쌍검대무

152, 159쪽 미인도
160쪽 자모육아
164, 168쪽 마상청앵
171쪽 월하취생
174쪽 황묘농접
182쪽 자웅장추
189쪽 국정추묘
192쪽 야묘도추
198쪽 밀희투전
200쪽 야장단련
202, 210, 212쪽 팔준도
206쪽 삼인문년
214쪽 1950년대 간송 전형필의 모습

삼성 리움미술관
172쪽 송하맹호

국립중앙박물관
200쪽 대장간